Christiane Fahrtmann / Roman Fink

Küchenkönig bin ich heut

Für Christiane Fahrtmann – Verfasserin erfolgreicher Kochbücher – gehören Kochen als Beruf und Hobby zusammen. Ihre Erfahrungen gibt sie – früher Fachlehrerin für Hauswirtschaft – anderen weiter. In Kochkursen versteht sie, sowohl Jungen wie Mädchen für das Kochen zu begeistern.

Dr. Roman Fink, Journalist, Buch- und Fernsehautor, hat zum Kochen und Essen nicht nur die Beziehung des »Konsumenten«. Kochen und Essen sind für ihn vielmehr ein Teilaspekt der »Kunst zu leben«.

Maria Spier hat in mehreren Ländern Koch- und Eßgewohnheiten beobachtet. Für sie als Diätassistentin, Ernährungsberaterin und Pädagogin lautet das Erfolgsrezept: abwechslungsreich und schmackhaft kochen.

Christiane Fahrtmann
Roman Fink

Küchenkönig bin ich heut

Ein Kochbuch für Kinder
unter Mitarbeit von Maria Spier

Mit Bildern von Frantz Wittkamp

Deutscher
Taschenbuch
Verlag

dtv

November 1977
Deutscher Taschenbuch Verlag GmbH & Co. KG, München

ISBN 3-8063-1090-4

ISBN 3-921-21614-1
Umschlaggestaltung: Celestino Piatti
Umschlagbild: Frantz Wittkamp
Gesamtherstellung: Kösel, Kempten
Printed in Germany · ISBN 3-423-07286-5

Inhaltsverzeichnis

Liebe Buben und Mädchen

Wer leben will, muß essen; wer essen will, muß kochen. Wer gut essen will, muß entweder viel Geld für einen guten Koch ausgeben – oder selber gut kochen.

Große Köche sind echte Künstler, Könige im Reich der Küche. Aber müssen denn die Erwachsenen wirklich allen Spaß immer nur für sich allein haben? Wer sagt, daß kleine Köche nicht auch Küchenkönig werden können?

Eine echte Königskrone drückt; eine Küchenkrone ist ein hoher, weißer Stoffhut, leicht, luftig und lustig. Wenn ein Küchenkönig einen großen Sieg erringt, dann gewinnen alle und alle freuen sich. Wenn ihm aber in seinem Reich etwas mißlingt, dann ist vielleicht ein Pfannkuchen angebrannt – und das ist wirklich kein großes Unglück.

Natürlich braucht auch ein Küchenkönig seine Diener und Helfer. Seht Euch um in der Küche, macht Schränke und Schubladen auf, da stehen sie bereit: die Tiegel und die Töpfe, die Kochlöffel und Schöpflöffel, Küchenmesser und Schneebesen und viele andere, große und kleine, einfache und vornehme.

Außerdem muß ein König auch einen Berater haben, den er fragen und dem er vertrauen kann; denn auch ein König kann nicht alles selber wissen.

Wie wär's, wenn Ihr Euch von Eurem neuen Kochbuch ein wenig beraten ließet, wie man am besten regiert im Küchenreich, wie Kochen am meisten Spaß macht?

Wenn Euer neues Kochbuch Arme und Beine hätte und einen Kopf, wenn es reden könnte – dann würde es Euch jetzt bei der Hand nehmen und sagen:

»Wohlan, wohlan, es sei um des Spaßes willen; laßt uns zur Küche gehen!«

Diesen Satz haben nicht wir uns ausgedacht. In dem Märchen »Zwerg Nase« sagt ihn der Küchenmeister zum Koch, der so zauberhafte Gerichte zubereiten kann.

Und der Küchenmeister eines Märchenkönigs muß es eigentlich wissen! Meint Ihr nicht auch?

1

Küchenkönig und sein Reich

Vor dem Kochen

Es ist gut, wenn Ihr jedes Rezept erst einmal durchlest und nachschaut, ob alle Zutaten im Haus sind, die Ihr dazu braucht. Dann suchen sich die Köche ihr Handwerkszeug zusammen: Schüsseln, Töpfe, Pfannen, Messer, Löffel...

Damit Ihr Euch nicht lange den Kopf zerbrechen müßt, haben wir bei jedem Rezept die Gefäße und Geräte aufgeschrieben, die Ihr braucht.

Es kann nicht schaden, wenn Ihr Euch vor dem Kochen die Hände wascht und eine Schürze umbindet.

Wenn Ihr die Zutaten mit dem Meßbecher oder mit der Küchenwaage abgemessen habt, dann beginnt die »Kochkunst«.

Beim Kochen

... berühren wir elektrische Schalter (z. B. am Herd oder am elektrischen Handrührgerät) und Stecker nur mit trockenen Händen.

Wenn Ihr einen Gasbackofen habt, so bittet beim ersten Mal am besten die Mutter, Euch zu zeigen, wie man's macht. Wenn der Herd nicht gleich zündet, muß man sofort abdrehen, damit kein Gas ausströmt.

Damit der Inhalt von Töpfen und Pfannen nicht überkocht, füllt sie bitte nicht randvoll.

Beim Erhitzen von Fett in der Pfanne müßt Ihr darauf achten, daß es nicht überhitzt oder schwarz wird. Die Fettprobe macht man so: man hält den Stiel eines Holzkochlöffels in das heiße Fett. Wenn sich Bläschen am Stiel bilden, hat es die richtige Back- oder Brattemperatur.

Gebt nie kaltes Wasser in heißes Fett; das spritzt und gibt Brandblasen. Auch auf heißen Dampf müßt Ihr aufpassen, man kann sich daran sehr verbrennen. Wenn Ihr den Topfdeckel seitlich öffnet, kann das nicht passieren.

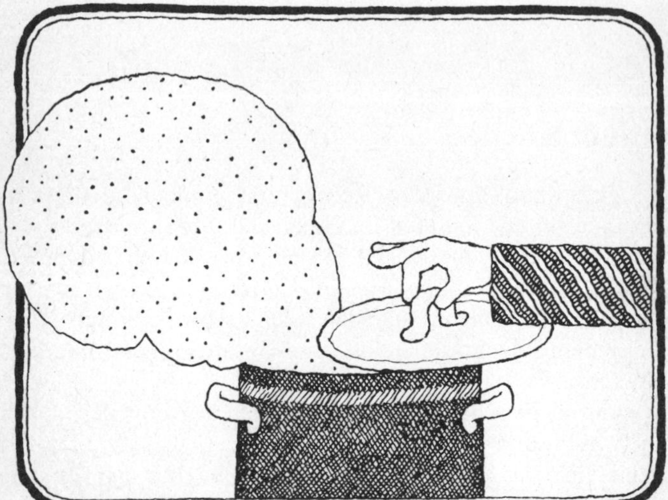

Nach dem Kochen

... sehen wir nach, ob die elektrischen Geräte ausgeschaltet sind und ob der Gashahn und der Wasserhahn zugedreht sind.

Wer warme Gerichte gern von warmen Tellern und aus warmen Schüsseln ißt, legt das Geschirr vor dem Servieren entweder in heißes Wasser oder schiebt es in den Backofen, der auf 60 bis 70 Grad vorgeheizt ist.

Was hält Leib und Seele zusammen?

(Mit Übersicht Nährstoffe)

Ein altes Sprichwort behauptet: »Gut essen und trinken hält Leib und Seele zusammen.«

Nun könnte einer kommen und meinen, gekocht würde ja für den Leib – die Seele hingegen habe in einem Kochbuch nichts zu suchen. Falsch, ganz falsch! Viele Völker – zum Beispiel solche, die im Urwald leben und noch keine Zeitung, kein Fernsehen und keine Küchenmaschinen haben – glauben, daß die Seele im Bauch und im Magen sitzt. Aber auch bei uns, das wißt Ihr vielleicht, bekommen die Leute Magenweh, die sich zuviel ärgern.

Was heißt nun: »Gut essen und trinken«? Wenn wir uns an das Sprichwort halten, ist die Antwort nicht mehr schwer: so essen und trinken, daß wir gesund und guter Laune bleiben.

Wie man vom richtigen Essen gesund bleibt, so kann man vom falschen Essen krank werden.

Krank wird: wer zuwenig ißt,
wer auf falsche Weise ißt,
wer die falschen Sachen ißt,
wer zuviel ißt.

Gesunden Kindern sagt der Magen, wann es Zeit ist zu essen – und mit dem Essen wieder aufzuhören: wir essen, wenn wir Hunger haben, und hören auf, wenn wir satt sind. Gesunde Kinder essen nicht zuwenig.

Anders ist es mit dem »Zuviel«. Das kann man sich leicht angewöhnen, weil gutes Essen so gut schmeckt! Wer aber auf die Dauer zuviel ißt, wird fett. Nun sind dicke Leute zwar nicht dümmer als dünne – aber weniger hübsch anzuschauen. Und wer fett ist, wird faul. Und wer faul ist, wird noch fetter.

Sagt einer doch, es sei ja seine Sache, ob dick oder dünn. Richtig – und es ist auch seine Sache, ob gesund oder krank! Dünne bleiben gesünder, und Dünne leben länger als Dicke. Ist das kein guter Grund, dünn zu bleiben?

Wer seine Mahlzeiten hastig verschlingt, verdirbt sich den Magen. Wer eiskalt und kochendheiß ißt, verdirbt sich den Magen und die Zähne. Wer die ganze Tagesration auf einmal in sich hineinmampft, leiert seinen Magen zu einem Sack aus, der nicht mehr arbeiten mag.

Die meisten Speisen sind aus verschiedenen Stoffen zusammengesetzt; im einen Gericht ist mehr von dem einen, im anderen mehr von einem anderen Stoff enthalten. Diese Stoffe haben verschiedene Aufgaben; der Körper braucht alle diese Stoffe zum Wachsen und Leben.

Wir haben Euch auf den Seiten 13 bis 14 die Namen dieser Stoffe aufgeschrieben und zu erklären versucht, welche Aufgabe sie im Körper haben. Wer sich dafür interessiert, soll diese Tabelle lesen. Aber man kann auch schmackhaft kochen, ohne sie gelesen zu haben.

Einmal Hühnchen ist gut. Eine Woche lang Hühnchen ist langweilig. Und wer ein Jahr lang nur Hühnchen ißt, wird krank. Freilich wird niemand freiwillig so lange Hühnchen essen, weil abwechslungsreiche Kost nicht nur gesünder ist, sondern auch besser schmeckt als ein langweiliges Einerlei.

Wer sich gesund ernährt, hat größere Aussicht, gesund zu bleiben. Und nur wer gesund bleibt, hat den richtigen Spaß am guten Essen.

Name des Stoffes:	ist hauptsächlich enthalten:	Aufgabe:
Eiweiß	in magerem Fleisch, Fisch, Eiern, Milch, Hülsenfrüchten	liefert Baustoffe vor allem für Kinder, die noch wachsen
Kohlenhydrate	in Zucker und Süßigkeiten, Kuchen, Brot, Mehlspeisen, Früchten, Reis und Mais	liefern Kraft für Sport, Spiel und zum Lernen. Zuviel Kohlenhydrate werden im Körper zu Fett.
Fette	in Butter, Margarine, Öl, fettem Fleisch, Nüssen, Milch	vor allem die Pflanzenöle liefern Stoffe, die Haut und Drüsen zum Wachsen brauchen. Fette können kurzfristig ebenfalls Kraft bei Kohlenhydratmangel liefern.
Füllstoffe (z. B. Zellulosefasern)	in Früchten und Gemüsen, Schwarz- und Vollkornbrot	werden nicht verdaut, sorgen aber dafür, daß Magen und Darm in Bewegung bleiben
Mineralsalze (z. B. Natrium, Kalium, Calcium, Phosphor, Eisen)	in allen Speisen, besonders viel z. B. in Milch und Trockenobst	Mineralsalze haben vielerlei Aufgaben: manche dienen dem Aufbau des Körpers (z. B. Kalk für Knochen, Zähne und Muskeln, Eisen für das Blut) andere sorgen dafür, daß der Körper nicht zuviel und nicht zuwenig Wasser enthält.
Vitamine	in Getreideprodukten, frischem Obst und Gemüse, aber auch in Fleisch und in Innereien wie Herz und Leber	Vitamine sind die »Werkzeuge«, die dem Körper helfen, Eiweiß als Baustoff zu verwenden, aus Kohlenhydraten »Kraft« zu machen, in den Nerven Befehle zu übermitteln, mit dem Gehirn zu denken oder mit den Augen zu sehen. Sie sind zur Abwehr

Name des Stoffes:	ist hauptsächlich enthalten:	Aufgabe:
		von Krankheiten genauso notwendig wie zum Atmen und für alle anderen Lebensvorgänge in jedem Alter. Manche Vitamine, z. B. Vitamin C, werden beim Kochen zerstört.
Spurenelemente z. B. Jod, Mangan, Magnesium, Kobalt, Aluminium, Zink, Kupfer	winzige Mengen davon in allen Speisen, besonders reichlich in frischen Frucht- und Gemüsesäften	sind Bestandteile der Vitamine und anderer wichtiger Stoffe im Körper, die das Gleichgewicht der Vorgänge im Körper regeln. Auch für die chemisch-elektrischen Vorgänge benötigt der Körper Mineralsalze.

Von Kräutern und Gewürzen

Gewürze und Kräuter sind bei den meisten unserer Speisen das Tüpfelchen auf dem i. Die hohe Kunst des Kochens besteht nicht zuletzt darin, zu allen Speisen die geeigneten Gewürze auszuwählen und in der richtigen Menge und zum richtigen Zeitpunkt zuzugeben.

Früher, als es keine schnellen Schiffe, keine Lastwagen und keine Flugzeuge gab, gehörten Gewürze zu den teuersten und zu den kostbarsten Dingen, die sich nur die ganz Reichen leisten konnten. Manche Gewürze wurden sogar mit Gold aufgewogen.

Wie die einzelnen Gewürze schmecken, das kann man nicht beschreiben; das muß man probieren. Knoblauch etwa mag vielleicht im Geschmack etwas an Zwiebeln oder Lauch erinnern; und trotzdem schmeckt er eben ganz anders – nämlich wie Knoblauch.

Wir haben Euch die bekanntesten Gewürze in der Reihenfolge des Alphabets aufgeschrieben, damit Ihr sie ein bißchen besser kennenlernt.

Namen der Kräuter und Gewürze:	wir würzen damit:	Besonderheiten:
Anis	süßes Kleingebäck	kleine, halbmondförmige Samen; wird heute fast nur noch für Anisplätzchen verwendet
Basilikum	Salate und Salatsoßen, Gemüse und Eierspeisen, Fleischgerichte	Blätter des Basilikumkrautes; kann man aus den Ferien im Süden mitbringen; wächst auch zu Hause im Topf
Bohnen- oder Pfefferkraut	Hülsenfruchtsuppen, frische grüne Bohnen und frischen Kohl	Bohnenkraut wird nach dem Kochen aus dem Gericht entfernt
Borretsch oder Gurkenkraut	Salatsoßen, Quark- oder Joghurtmischungen	schmeckt am besten frisch geschnitten, wird mitgekocht und mitgegessen
Curry	Reisgerichte, Hammelfleisch und gekochten Fisch, auch Soßen	Curry ist eine scharfe Gewürzmischung aus Ostasien. Es färbt die Speisen gelb; nicht viel davon verwenden.
Dill	Suppen, alle frischen Salate, Soßen und gekochten Fisch	Dill wird kleingehackt und reichlich verwendet. Getrockneten Dill kochen, frischen Dill nicht mitkochen.
Gewürznelken, getrocknet	Lebkuchen, Gewürzkuchen, Glühwein, Blaukraut (Rotkohl) und Wildgerichte, gespickte Zwiebeln, für gekochte Fleisch- und Fischgerichte	Gewürznelken sind die getrockneten Blüten des Nelkenbaumes. Sie schmecken sehr stark, wir nehmen nur wenig davon.
Kapern	Fleisch und Fisch, Salate, Soßen	Blütenknospen des Kapernstrauches

Namen der Kräuter und Gewürze:	wir würzen damit:	Besonderheiten:
Kerbel	Kräutersuppen und Soßen, Salatsoßen, Brotaufstrich, z. B. auf Quark	Kerbelkraut gibt es frisch oder getrocknet zu kaufen. Kerbel darf nicht gekocht werden.
Kresse	Suppen, Soßen, Salatsoßen, Kartoffelsalat. Köstlich schmeckt ein Butterbrot mit Kresse bestreut	Kresse kaufen wir als lebendiges »Kressebeet« im Karton. Zum Würzen wird sie mit der Küchenschere etwa 1 cm unterhalb der Blättchen abgeschnitten.
Knoblauch	Frische Salate, fette Schweine- und Hammelbraten, gegrilltes Fleisch, Spinat	Knoblauch ist ein Zwiebelgewächs, die »Knoblauchzehen« werden entweder ganz oder in Scheiben geschnitten oder fein zerrieben verwendet. Es gibt auch Knoblauchpulver – frischer Knoblauch ist besser. Sparsam würzen.
Kümmel	Rote-Rüben-(Beete-)Salat, fette Braten, Krautsalate, neue Kartoffeln, Käsemischungen, Käsegebäck, Kümmelbrot	Kümmel besteht aus kleinen, halbmondförmigen Samen. Kümmelgewürz ist gut für den Magen.
Majoran	Schweine- und Gänsebraten, Hackfleisch, Kartoffelgerichte, Pizza	getrocknete Blätter und Stengel des Majorankrauts. Seid sparsam mit Majoran, er schmeckt leicht vor.
Muskatnuß	Suppen, Soßen, Kartoffelbrei, Blumenkohl, Weißkohl und Wirsing, Spinat	Muskat ist gemahlene Muskatnuß. Sie wächst auf den ostasiatischen Inseln und in der Karibik. Mit Muskat wür-

Namen der Kräuter und Gewürze:	wir würzen damit:	Besonderheiten:
		zen wir immer erst nach dem Kochen.
Oregano	Saucen und Fleischfüllungen, Pizza (und viele weitere südliche Gerichte)	Oregano ist der »wilde« Bruder des Majorankrautes, allerdings zarter und duftiger im Geschmack
Paprika	Gulasch, fette Braten, Spezialitäten vom Balkan, aber auch Quarkspeisen und Pommes frites	Paprikapulver ist gemahlener und getrockneter roter Paprika. Es gibt ihn von »edelsüß« bis »scharf«. Scharfer Paprika ist *sehr* scharf.

Namen der Kräuter und Gewürze:	wir würzen damit:	Besonderheiten:
Petersilie	Eintopfgerichte, Kartoffeln, Salate, Soßen, alle Gemüse, gekochten Fisch, Suppen, zur Verzierung von Braten	Petersilie hat ein sehr zartes, aber sehr eigenartiges Aroma; nicht jeder mag sie. Wir verwenden sie kleingeschnitten und kochen sie nicht mit.
Pfeffer	Gemahlener Pfeffer: Fleisch-, Fisch-, Geflügel- und Wildgerichte, Suppen, Soßen, Sa-	Pfeffer sind die Samen des Pfefferstrauchs. Schwarzer Pfeffer ist schärfer, weißer Pfeffer milder. Pfeffer soll nicht in erster Linie scharf

Namen der Kräuter und Gewürze:	wir würzen damit:	Besonderheiten:
	late, aber auch kalte Platten und Tomaten. Pfefferkörner: in Beizen für Wild- und Fischspeisen.	sein, sondern das typische Pfefferaroma haben. Man kann ihn mitkochen, aber am besten schmeckt er frisch gemahlen aus der Pfeffermühle.
Schnittlauch	Alle Suppen, außer süßen, alle Salate, außer Obstsalat, Quarkspeisen, salzige Eierspeisen, Pizza	Schnittlauch wächst im Blumentopf genausogut wie im Garten. Frischer Schnittlauch ist sehr gesund und schmeckt sehr viel besser als getrockneter. Zum Würzen schneiden wir ihn klein.
Sellerieknolle	In Scheiben geschnitten und gedünstet als Salat. Als Trockenpulver oder Selleriesalz: Suppen, manche Gemüse wie Spinat.	Mit Sellerie als Gewürz sparsam umgehen. Er schmeckt wie Majoran leicht vor.
Selleriekraut	Suppen und Gemüse	das Kraut der Sellerieknolle. Es wird kleingeschnitten verwendet und würzt sehr stark.
Thymian	Eintöpfe, Suppen, Soßen, Pasteten, Frikadellen	Blätter und Blüten der Thymianpflanze. Schmeckt herb und kräftig.
Vanille	Süßspeisen, Obstsalate, süße Suppen und Soßen, Kuchen und Gebäck	die getrockneten Früchte der Vanille-Orchidee. Die echte Vanille gibt es in Glasröhrchen zu kaufen. Vanillezucker ist oft mit künstlichem Aroma versetzter Zucker.
Zimt	Süß- und Obstspeisen, Pfannkuchen, Aufläufe aus Reis	Rinde des Zimtbaumes, in Stangen oder gemahlen. Sparsam würzen!

Namen der Kräuter und Gewürze:	wir würzen damit:	Besonderheiten:
	und Grieß, Kompott, Kuchen, Gebäck. Süße heiße Getränke.	
Zitronenmelisse	Salatsoßen, Suppen und Soßen	einheimische Staude. Die Blätter werden frisch geschnitten verwendet.
Zwiebel	Suppen, Fleisch- und Fischspeisen, Soßen, Braten, Salate	Zwiebel gibt es auch als Pulver oder getrocknete Zwiebelflocken. Sie lassen sich sehr gut in der Küche verwenden; sind etwas weniger scharf als frische Zwiebeln und beißen nicht in den Augen.

Vom Tischdecken

Kinderfeste
bereiten neben dem Vergnügen auch eine Menge Arbeit. Es spart das Abspülen, kostet aber mehr, wenn wir Pappgeschirr, das es in schönen Farben und Drucken (Papierwarengeschäft oder Kaufhaus) gibt, besorgen.
Wir brauchen: Pappteller und -becher, Tischtuch und Servietten aus Papier, Plastikbesteck.

Das Servieren
ist gar nicht so schwierig, wenn Ihr Euch nur merkt,
– daß Platten und Schüsseln von der linken Seite her angereicht und

– schmutziges Geschirr – z. B. ausgelöffelte Suppentassen – von der rechten Seite abserviert werden, wenn es ganz »fein« zugehen soll.

Schneller und leichter geht es, wenn jeder seinen gebrauchten Teller weiterreicht und Du zum Schluß den Tellerstapel hinausträgst. Eure Mutter freut sich jedenfalls bestimmt, wenn sie während des Essens einmal sitzen bleiben kann und von Euch bedient wird.

Tischdecke oder Set
gibt's in vielen schönen Farben und lassen den gedeckten Tisch gleich viel festlicher aussehen.

Teller
setzen wir knapp vom Tischrand entfernt auf. Gibt es Suppe, so stellen wir die Suppentasse (oder den Suppenteller) auf den Speiseteller.

Besteck
legen wir rund um den Teller: links die Gabel, rechts das Messer (die scharfe Schneide dem Teller zugewandt), über dem Teller zuerst den Dessertlöffel, dahinter den Suppenlöffel.

Servietten
falten wir zusammen (Rechteck oder zu einem Dreieck) und legen sie links neben die Gabel. Man kann die Servietten aber auch phantasievoll falten und aufstellen.

Gläser
stehen rechts über dem Messer. (Bei ganz großen Festen gibt's mehrere Getränke, z. B. Weiß- und Rotwein. Dann deckst Du von außen nach innen zuerst das Weißwein- und dann das Rotweinglas.)

Glasschälchen
für Salat haben ihren Platz links vor der Gabel, am besten auf einem Unterteller.

Fischbesteck

Fisch wird nicht mit dem Messer zerteilt, sondern mit 2 Gabeln oder einem Fischbesteck. Wir legen es links und rechts vom Teller.

Kuchenteller

stehen fast am Tischrand. Kaffee- oder Teetasse mit Unterteller stehen rechts vor dem Teller. Zur Kaffeetafel gehören: ein Kännchen mit Sahne oder Milch, eine Zuckerdose mit Streu- oder Würfelzucker, mit Zuckerzange oder -löffel, Sahnelöffel, Tortenheber. Eine Papierserviette liegt links neben oder auf dem Kuchenteller.

Tischschmuck

paßt zu jeder Jahreszeit. Im Winter schmücken wir den Adventstisch mit Tannenzweigen, Zapfen, rotbackigen Äpfelchen und Kerzen.

Im Frühling gibt's frische, selbst gepflückte Sträußchen, die in niedrigen Schalen oder Vasen den Tisch verschönern.

Der Sommer schenkt uns zahllose Blumen, Gräser und Kräuter, der Herbst glutrot oder braun gefärbte Blätter. Hier kann jeder seine eigenen »künstlerischen« Vorstellungen für eine Tischdekoration verwirklichen.

2

Süßes Frühstück

Nachts, wenn der Mensch schläft, atmet er weniger, das Herz schlägt langsamer, und der ganze Körper ist auf Ruhe und Erholung eingestellt. Wenn Ihr am Morgen aufsteht, muß sich der Körper wieder auf den Tag vorbereiten. Dazu braucht er – wie ein Motor – Brennstoff, Kraft zum Anlaufen. Deswegen ist das Frühstück eine wichtige Mahlzeit.

Aber frühmorgens schläft der Magen noch länger als der Verstand und will sanft geweckt werden. Steht also lieber zehn Minuten früher auf und laßt Eurem Magen zum Frühstück Zeit; es ist nicht nur wichtig, *was* man in ihn hineinfüllt, sondern auch *wie* man das macht.

Ein richtiges Frühstück muß kräftig, aber leichtverdaulich sein; denn in der Schule soll nicht in erster Linie der Magen, sondern der Kopf arbeiten.

Gummibärchen zum Frühstück reichen nicht aus, Kaugummi macht nur Spucke und gibt keine Kraft, und jeden Tag Butterbrot und Tee wird langweilig.

Wir haben Euch auf den folgenden Seiten einige Rezepte für ein kräftiges und schmackhaftes süßes Frühstück zusammengestellt, das Abwechslung in Euren Frühstücks-Speisezettel bringt und vielleicht sogar Vater und Mutter schmeckt.

Keine Angst, das »Müsli« hat zwar einen etwas komischen Namen, aber es schmeckt frisch, saftig, süß, ganz köstlich. Und es ist richtig gesund!

Müsli

Zutaten (1 Portion)
1 Teelöffel Zitronensaft
1/2 Eßlöffel Zucker oder Honig
1 Apfel
1/2 Banane
2 Eßlöffel grobe Haferflocken
2 Eßlöffel gehackte Nüsse
6 Eßlöffel Milch
Wenn Ihr mögt, den Saft
von einer halben Orange

Zubehör
1 kleine Schüssel
1 kleiner Löffel
1 Brettchen
1 scharfes Küchenmesser
1 Zitronenpresse

Also: Wir pressen eine halbe Zitrone aus, füllen den Saft in das Schüsselchen und verrühren ihn mit dem Zucker.

Den Apfel wollen wir mit der Schale verwenden. Deshalb waschen wir ihn. Dann schneiden wir ihn in Viertel, lösen das Kernhaus heraus und schneiden die Viertel nochmal der Länge nach durch. Die Apfelschnitze schnipseln wir auf dem Brett zu feinen Blättchen.

Die halbe geschälte Banane schneiden wir auf dem Brettchen in Scheiben, etwa doppelt so dick wie ein Zündholz. Dann füllen wir die Äpfel, die Bananen, die Haferflocken, die gehackten Nüsse und die Milch in das Schüsselchen und mischen alles vorsichtig durcheinander. Am appetitlichsten sieht das Müsli aus, wenn Äpfel und Bananen beim Mischen nicht zerquetscht werden. Wer will, kann zum Schluß noch den Saft einer halben Orange darüber träufeln.

Wer noch Zeit hat, läßt das Müsli etwas durchziehen. Dann könnt Ihr es auf den Frühstückstisch stellen – oder gleich in der Küche essen!

Bananen – Schokobrote

Zutaten (1 Portion)
2 Scheiben Weiß- oder Vollkornbrot
Butter oder Margarine zum Bestreichen

Für die Quarkmischung:
4 Eßlöffel Magerquark
2 Eßlöffel Milch
2 Teelöffel Honig
1 Banane
4 Schokoladeplättchen oder
2 Eßlöffel Schokoladestreusel

Zubehör
1 Brettchen
1 Messer zum Brotstreichen
1 scharfes Küchenmesser
1 kleiner Schneebesen oder eine Gabel
1 Schüssel

Das geht ganz fix: Brote streichen mit Butter oder Margarine; Quark, Milch und Honig in die Schüssel füllen und mit dem Schneebesen oder der Gabel zu einer glatten Masse verrühren. Die Quarkkrem verteilen wir gleichmäßig auf die Butterbrote.

Dann schälen wir die Banane und schneiden sie mit dem scharfen Küchenmesser in ovale Scheiben. Die sind zur Abwechslung einmal hübscher als runde. Die Bananenscheiben schichten wir auf die Quarkbrote, legen auf jedes Brot noch zwei Schokoladeplättchen oder streuen Schokostreusel darüber. Die Leckermäuler unter Euch können natürlich die Schokostreusel auch über die Schokoladeplättchen streuen. Fertig ist unser Frühstück.

Apfelbrote mit Krokant

Zutaten (1 Portion)
1 bis 2 Scheiben Grau- oder Vollkornbrot
Butter oder Margarine zum Bestreichen

Für die Quarkmasse:
4 Eßlöffel Magerquark
2 Eßlöffel Milch
1 Teelöffel Honig
1 Apfel
2 Eßlöffel Krokant (gibt es fertig im Laden zu kaufen)

Zubehör
1 kleine Schüssel für die Quarkmasse
1 kleiner Schneebesen oder eine Gabel zum Anrühren
1 Apfelausstecher
1 Küchenmesser mit Brettchen
1 Tafelmesser

Zuerst streichen wir Butter oder Margarine auf unsere Früstücksbrote. Zum Streichen benützen wir das Tafelmesser, weil es damit am besten geht.

Dann bereiten wir die Quarkkrem zu: Den Magerquark, die Milch und den Honig verrühren wir in der Schüssel mit dem Schneebesen oder der Gabel so lange, bis keine Klümpchen mehr sichtbar sind. (Die Köche sagen dazu: Alle Zutaten werden zu einer glatten Masse verrührt.)

Jetzt schälen wir den Apfel und bohren mit dem Apfelausstecher das Kernhaus heraus. Der geschälte Apfel wird mit dem Küchenmesser auf dem Brettchen in dünne Ringe geschnitten.

Die Quarkkrem verteilen wir schön gleichmäßig auf beide Brote; auf der Krem ordnen wir die Apfelringe so, daß sie wie Dachziegel übereinander liegen. Zuletzt streuen wir Krokantbrösel über die Äpfel, mehr oder weniger dick, wie's Euch am besten schmeckt.

Zu diesem feinen Brot ein Glas Milch oder Fruchtsaft – und Ihr seid für die Schule bestens gerüstet.

Übrigens steht nirgends geschrieben, daß man Frühstücksbrote nur am Morgen essen darf. Sie schmecken ganz bestimmt auch am Nachmittag.

3

Sonntagsfrühstück für Langschläfer

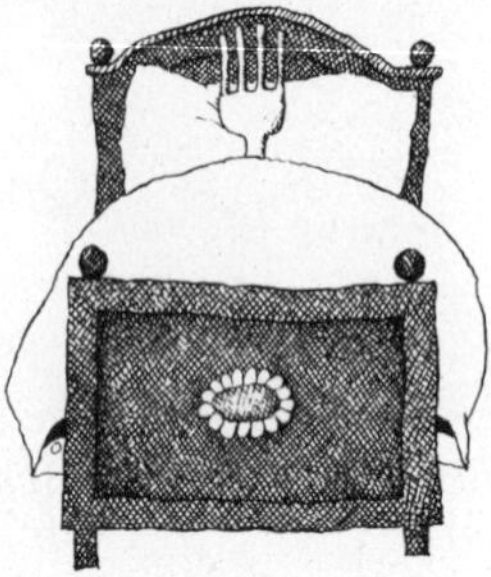

Ausschlafen am Sonntagmorgen: das Bett ist warm und weich und die Schule weit, weit weg. Langsam kriecht die Sonne um die Ecke und scheint Dir auf die Nase, bis Du niesen mußt. Gesundheit – und einen guten Morgen!

Aber selbst am gemütlichsten Sonntagmorgen fängt der Magen schön langsam zu knurren an. Vater und Mutter schlafen noch – wie wär's, wenn wir uns leise in die Küche schleichen und anfangen würden, ein leckeres Frühstück zu brutzeln? Bis köstlicher Duft den Siebenschläfern in die Nase steigt und sie aus den Federn lockt!

So ein richtig gemütliches, kräftiges Frühstück am Sonntagmorgen kann sich ruhig in die Länge ziehen bis zum Mittag – wir lassen dann eben das Mittagessen ausfallen. Das ist doch fein, wenn wir einmal Kochen sparen – und einmal Abwaschen! Und wenn Ihr irgend etwas auf dem Herzen habt: manches läßt sich am Sonntagmorgen-Frühstückstisch beim Duft von Kaffee und gebratenem Speck mit einem gutgelaunten, ausgeruhten Papa am besten besprechen.

Die Engländer nennen so ein ausgedehntes spätes Frühstück »brunch« (sprich brantsch), das ist zusammengesetzt aus den beiden Wörtern *br*eakfast (Frühstück) und l*unch* (Mittagessen). Aber man muß kein Engländer sein, um aus einem Sonntagmorgen zu Hause einen langen, gemütlichen Sonntagvormittag zu machen.

Also, wer zuerst in der Küche ist, fängt gleich an mit unserem ersten Rezept:

Überbackener Feinschmeckertoast

Zutaten (1 Portion)
2 Scheiben Toast- oder Weißbrot
etwas Mayonnaise zum Bestreichen
mittelscharfer Senf zum Bestreichen
1 große Scheibe gekochter Schinken
1 möglichst saurer Apfel (z. B. Boskop)
1 große Scheibe Schweizer Käse

Zubehör
1 Messer zum Brotestreichen
1 Küchenmesser zum Apfelschneiden
1 Apfelausstecher

Die beiden Brotscheiben legen wir dicht nebeneinander und bestreichen sie zuerst dünn mit Mayonnaise und dann – je nach Geschmack – mehr oder weniger dünn mit Senf. Jetzt legen wir die große Scheibe gekochten Schinken über beide Brote. Nun schälen wir den Apfel, bohren das Kerngehäuse mit dem Apfelausstecher heraus und schneiden vom Apfel dort, wo er am dicksten ist, sechs dünne Scheiben herunter. Die Apfelreste essen wir am besten gleich auf.

Die Apfelringe legen wir auf den Schinken und decken sie mit einer großen Scheibe Schweizer Käse zu. Der Backofen muß vorgeheizt werden: Beim Elektroherd stellen wir 180 bis 200 Grad ein, beim Gasherd Stellung 3. Nun warten wir einige Minuten, bis der Herd heiß genug ist. (Beim Elektroherd erlischt in diesem Augenblick die Kontrollampe.) Auf dem Grillrost schieben wir unser Feinschmeckerbrot auf mittlere Einschubhöhe in den Backofen und überbacken es etwa 5–10 Minuten.

Tip:

Legt ein Stück Alufolie unter das Brot auf den Grillrost. Dann macht es nichts, wenn der Käse beim Überbacken tropft: der Backofen bleibt trotzdem schön sauber.

Wenn das nicht duftet und schmeckt!

Habt Ihr schon Gesellschaft in der Küche? Hat vielleicht gar Vater von Eurem Wunderbrot ein allzu großes Stück abgebissen? Das macht nichts – von einem Brot wird sowieso niemand satt. Vielleicht hilft er Euch dafür beim nächsten Rezept.

Bunte Pfanne

Zutaten (1 Portion)
1 Teelöffel Margarine
1 Schweinsbratwürstchen
1 Tomate
1 Ei
1 Eßlöffel Mehl
1 Eßlöffel Wasser
je 1 Messerspitze Salz und Pfeffer
1/2 Teelöffel feingeschnittener Schnittlauch

Zubehör
1 Küchenmesser
1 Gabel
1 Pfanne mit Deckel
1 Wender (auch Bratschaufel genannt)
1 Schüsselchen für das Rührei

Die Tomate und der Bund Schnittlauch werden sauber gewaschen. Dann entfernen wir mit einem Messer den Stielansatz aus der Tomate und teilen sie in zwei Hälften. Mit dem scharfen Messer schneiden wir vom frischen Schnittlauch etwa einen halben Teelöffel kleine Röllchen. Zuletzt wird das Würstchen in dünne Scheiben geschnitten.

In der Pfanne zerlassen wir die Margarine bei starker Hitze, dann schalten wir auf mittlere Hitze zurück und braten die Wurstscheibchen an. Die Tomatenhälften fügen wir dazu, tun den Deckel auf die Pfanne und lassen das Ganze etwa 5 Minuten zugedeckt bei schwacher Hitze vor sich hin brutzeln.

Inzwischen verquirlen wir mit der Gabel Ei, Mehl, Wasser, Salz und Pfeffer. Diese Mischung schütten wir über Würstchen und Tomaten und lassen das Ganze noch einmal etwa 5 Minuten stocken – das bedeutet: festwerden. Vor dem Anrichten streuen wir über Eier, Tomaten und Würstchen den Schnittlauch.

Ein Stück frisches Brot dazu – mit oder ohne Butter – schmeckt besonders herzhaft.

Tip:

Probiert doch einmal zum Kräuterschneiden anstelle des Messers die Küchenschere. Ihr werdet sehen: Das geht schneller und leichter und man muß nicht so auf die Finger aufpassen.

So, bis die Bunte Pfanne aufgegessen ist, hat sicher auch der letzte Langschläfer aus dem Bett gefunden. Jetzt sitzen alle um den Tisch und warten auf mehr. Es wäre schön, wenn am Sonntagmorgen Mutter ein wenig bedient würde; findet Ihr nicht auch?

Überbackene Eier

(oder Eier Josephine)

Zutaten (6 Portionen)

4–6 Eier
1 Liter Wasser
1 Päckchen Weiße Soße
1/4 Liter Milch
1 Teelöffel Butter
1 Messerspitze Muskat
1 Eigelb zum Legieren
100 g Schinken
1 Tütchen Parmesankäse
Butterflöckchen zum Bestreuen

Zubehör

1 flacher Topf zum Eierkochen
1 Topf mit Stiel (auch Kasserolle genannt) für die Soße
1 Schneebesen
1 Küchenmesser
1 Auflaufform
1 Tasse

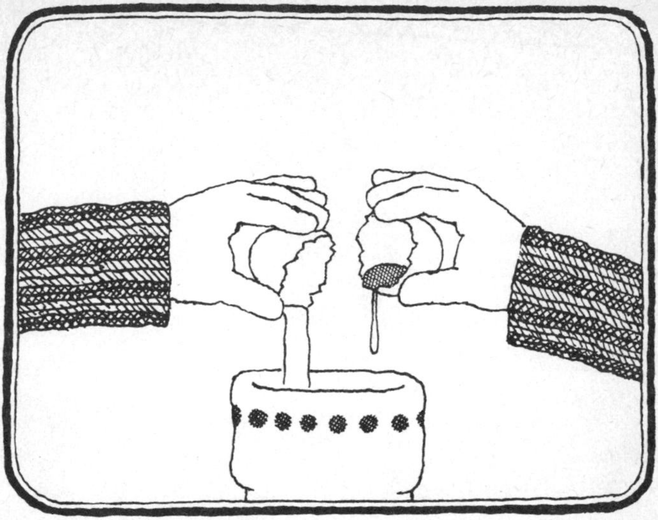

sind ein richtiges »brunch«; sie brauchen etwas mehr Zeit für die Zubereitung, aber sie sind köstlich und machen sicher alle satt. Wer frühmorgens gar nicht aus dem Bett findet, kann die Eier Josephine auch schon am Samstagabend vorbereiten. Dann braucht Ihr sie am Sonntagmorgen nur noch zu backen. (Ob einer inzwischen den Plattenspieler einschaltet für ein wenig Musik zum Sonntagmorgenfrühstück?)

Das Wasser lassen wir in dem zugedeckten flachen Topf bei starker Hitze zum Kochen kommen, legen die Eier einzeln mit einem Löffel ins kochende Wasser und schalten auf schwache Hitze zurück. Die Eier müssen etwa 4 Minuten kochen, besonders große Eier eine halbe Minute länger, besonders kleine eine halbe Minute weniger. Beim Eierkochen bleibt der Topf offen. Dann schrecken wir die Eier unter fließendem kaltem Wasser kräftig ab, damit sie sich leichter schälen lassen. Die geschälten Eier legen wir auf einen Teller zum Abkühlen.

Nach dem Rezept auf dem Soßenpulverpäckchen bereiten wir mit der Milch eine klümpchenfreie Weiße Soße. Mit dem

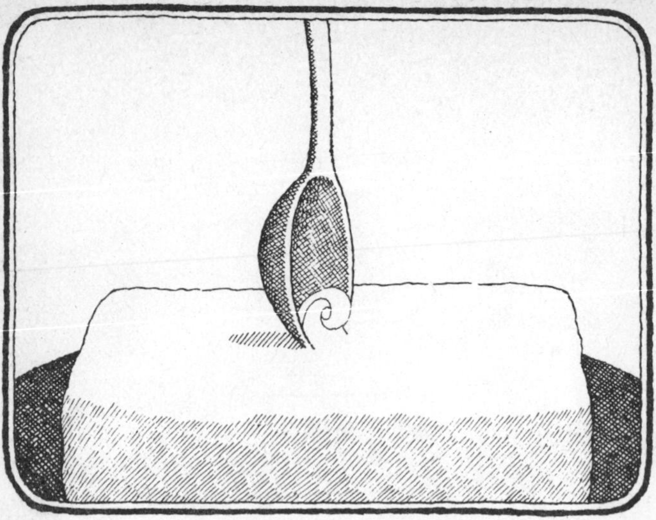

Schneebesen rühren wir die Soße kräftig um (immer in eine Richtung), schmecken mit Muskat und Butter ab und legieren mit einem Eigelb. Das geht so: auf dem Rand einer Tasse oder eines Glases schlagen wir ein rohes Ei so auf, daß zwei etwa gleich große Eierschalenhälften entstehen. Jetzt füllen wir den Inhalt des Eies vorsichtig von einer Eierschalenhälfte so in die andere, daß sich Eiklar und Dotter trennen: wenn's gutgeht, gleitet das Eiklar in die Tasse, der Dotter bleibt in einer der Eierschalenhälften zurück. Das Eiklar kann man z. B. einfrieren, den Dotter verwenden wir zum Legieren. Dazu nehmen wir eine Gabel, verquirlen den Dotter in einer Tasse mit ein paar Teelöffeln voll heißer Soße. Das legierte Eigelb verrühren wir dann mit dem Schneebesen kräftig in die übrige Soße.

Den Schinken schneiden wir in ganz kleine Stückchen und mischen ihn zusammen mit der Hälfte des Parmesankäses unter die Weiße Soße.

Jetzt wird die feuerfeste Form mit wenig Margarine ausgefettet. Dann legen wir die gekochten Eier in die Form und gießen die Soße darüber. Über das Ganze streuen wir den restlichen

Parmesankäse und die Butterflöckchen. (Wer am Samstagabend vorbereitet, stellt die Form jetzt bis zum Morgen in den Kühlschrank.)

Der Backofen muß vorgeheizt werden: Den Elektroherd stellen wir auf 225 Grad ein, den Gasherd auf Stufe 4. Nach etwa 10 Minuten Vorheizzeit schieben wir den Auflauf in den Backofen (auf mittlere Höhe) und backen ihn etwa 15 Minuten.

Wichtig: Den Auflauf nach dem Backen ganz heiß auf den Tisch bringen! Wir reichen dazu getoastetes Brot oder Weißbrot.

Es soll ja Leute geben, Kinder und Erwachsene, die mögen Eier nicht einmal am Sonntag. Dann backen wir statt der Eier Josephine vielleicht

Sonntags-Kartoffelpuffer

Zutaten (4 Portionen)
2 Packungen Kartoffelpuffer, tiefgekühlt
50 g Bratfett (Kokosfett oder Öl)
4 Scheiben Bauernbrot
4 abgetropfte Birnenhälften (1/2 Dose)
4 Teelöffel Preiselbeeren (aus dem Glas)

Zubehör
1 Pfanne
1 Wender (auch Bratschaufel genannt)
1 Teelöffel
1 Dosenöffner
1 Schüssel
1 Teller

Wir öffnen die Dose und schütten den Saft mit den Birnenhälften in eine Schüssel. Vier Birnenhälften legen wir auf einem Teller zur Seite, damit der Saft ablaufen kann, den Rest des Obstes heben wir im Kühlschrank auf. (Wer wird schon vor dem Frühstück am Sonntagmorgen Birnen naschen wollen?)

Jetzt ziehen wir Mutters Küchenschürze an und erwärmen das Fett in der Pfanne auf Brathitze (Fettprobe nicht vergessen). Die gefrorenen Puffer legen wir vorsichtig mit dem Wender in das heiße Fett. Nicht erschrecken: die kalten Puffer zischen in der Pfanne und vielleicht spritzt auch etwas Fett. Also, aufpassen: denn heißes Fett tut weh und macht Brandblasen!

Die Puffer braten wir auf beiden Seiten goldbraun. Vorsicht

beim Wenden! Die knusprig gebratenen Kartoffelpuffer werden nebeneinander auf die Brotschnitten gelegt. Dann kommt auf jede Schnitte noch eine Birnenhälfte. Zum Schluß garnieren wir mit einem Teelöffel die Preiselbeeren rund um die Birnen.

Na, sieht das nicht appetitlich aus?!

Und wie das erst schmeckt! Ein Sonntagsfrühstück!

Unser letztes Sonntagmorgenfrühstück-Rezept ist eigentlich nur für Nachzügler gedacht, die Samstagabend zu spät ins Bett gekommen sind. Oder für die, die am Tisch so viel zu reden hatten, daß sie nicht zum Essen kamen. Oder für diejenigen, die inzwischen schon unter der Brause waren und jetzt hungrig am Tisch sitzen. Für sie gibt's zu guter Letzt noch ein

Wurstnestchen

(oder Wurstschüsselchen)

Zutaten (1 Portion)
1 dick geschnittene Scheibe (½ cm) feine Schinkenwurst mit Haut
1 Teelöffel Öl
Füllung 1 (Rührei)
1 bis 2 Eier
2 Eßlöffel Milch
1 Messerspitze Salz
½ Teelöffel Schnittlauch, feingeschnitten
Füllung 2
1 Eßlöffel Öl
3 Eßlöffel gefriergetrocknete Zwiebelstücke aus dem Glas
1 kleine Dose geschälte Tomaten
1 Teelöffel Petersilie
1 Teelöffel Schnittlauch, feingeschnitten
1 Messerspitze Oregano
1 Messerspitze Zucker

Zubehör
1 Bratpfanne
1 Schüsselchen mit Gabel für das Rührei
1 Pfanne für das Rührei
1 Küchenschere für die Kräuter
1 Dosenöffner
1 Sieb
1 kleine Pfanne für Füllung 2
1 Wender (auch Bratschaufel genannt)

Dieses Rezept solltet Ihr *vor* Kochbeginn genau durchlesen. Bereitet *nur eine der beiden angegebenen Füllungen* zu, natürlich die, auf die Ihr am meisten Appetit habt. Die andere könnt Ihr für dieses Mal vergessen. Noch ein Hinweis: Füllung 1 ist nahrhafter, für Leute mit besonders großem Hunger; Füllung 2 ist schmackhafter, für Leute mit besonderem Appetit.

Zubereitung der Füllung 1

Wir schlagen die Eier auf und verquirlen sie in einer Tasse mit Milch, Salz und dem feingeschnittenen Schnittlauch. Dazu benützen wir eine Gabel. Das Öl lassen wir in der Pfanne heiß werden – zuerst starke Hitze, dann zurückschalten auf schwache Hitze. Jetzt kommen die verquirlten Eier in die Pfanne. Während die Eier in der Pfanne festwerden (man sagt auch stocken), bewegen wir die Pfanne vorsichtig hin und her. Das fertige Rührei zerpflücken wir mit dem Wender in größere Stücke und nehmen es vom Herd.

Zubereitung der Füllung 2

Das Öl erhitzen wir in der Pfanne bei mittlerer Schaltung, geben die gefriergetrockneten Zwiebeln dazu und lassen sie hellgelb werden. Ihr müßt aufpassen: das geht sehr schnell.

Dann legen wir die geschälten Tomaten aus der Dose in die Pfanne, geben Petersilie und fein geschnittenen Schnittlauch dazu und streuen Oregano und Zucker darüber. Wir rühren die Füllung durch und lassen sie einmal aufkochen.

Zubereitung der Wurstnestchen

Das Öl lassen wir in der Pfanne bei ziemlich starker Hitze gut heiß werden, nehmen den Wender zur Hand und legen die Wurstscheibe mit Haut in das heiße Öl. Die Brathitze zieht die Wursthaut zusammen; aus der Wurstscheibe wird ein Wurstschüsselchen oder -nestchen.

Wir schalten den Herd aus, legen das Nestchen mit dem Wender auf eine vorgewärmte Platte und füllen es mit der Füllung, die wir zubereitet haben.

Ganz besonders gut schmeckt dazu Schwarzbrot oder Vollkornbrot.

Wem jetzt noch nach Mittagessen zumute ist, der muß einen Bandwurm haben. Wir wünschen Euch allen noch einen schönen Sonntagnachmittag, der Mutter, dem Vater und den fleißigen Köchen.

4

Götterspeisen

Die Blumen locken Schmetterlinge und Bienen mit süßem Nektar, und die Bären lassen sich für ein Maul voll Honig die Nase zerstechen.

Warum süß so gut schmeckt, wissen wir nicht. Aber es ist recht praktisch so, weil »Süßes« unser Körper zum Leben braucht: Herz, Muskeln und Gehirn verarbeiten Zucker als »Brennstoff«; Zucker liefert u. a. die Energie, die wir beim Lernen und Spielen verbrauchen.

Natürlich kann man alles übertreiben. Und am leichtesten dort, wo es am besten schmeckt. Wer mehr Süßes in sich hineinstopft, als der Körper verarbeiten kann, wird leider fett. Und wer fett ist, kann nicht mehr so schnell rennen, nicht mehr so flink auf Bäume klettern, nicht mehr so lange schwimmen und nicht mehr so schnell radfahren.

Wer aber ein bißchen klug ist und bei süßen Leckereien ein wenig Maß hält, bleibt kräftig und gesund und braucht doch auf Vanille-Eis und Schokoladenpudding nicht zu verzichten.

Smaragdgrün, kühl und klar wie ein Bergsee und köstlich süß ist

Waldmeister-Götterspeise mit Vanillesoße oder Schlagsahne

Zutaten (4 Portionen)
1 Packung Götterspeise Waldmeistergeschmack
etwa 4 Eßlöffel Zucker
entweder 1 Packung Vanillesoße »ohne kochen« und
1/4 Liter Milch oder
1/4 Liter Schlagsahne

Zubehör
1 Schüssel zum Quellen der Gelatine
1 Topf für die Götterspeise
1 Schneebesen
Gläser mit Stiel oder Glasschüsselchen oder 1 Kastenform
1 Krug für Sahne oder Soße

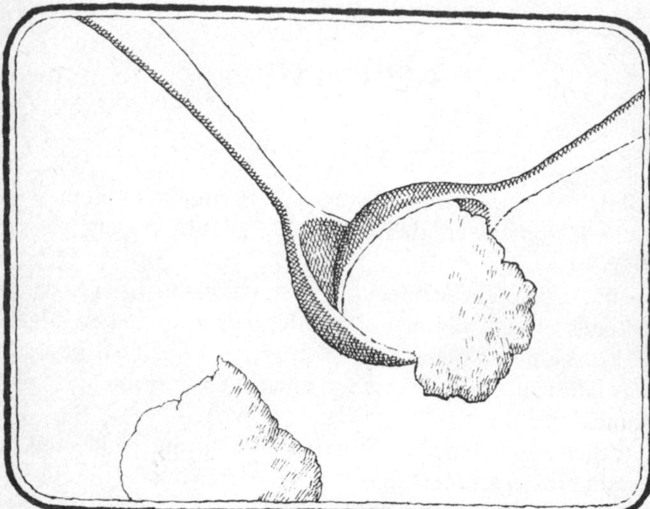

Wie man Götterspeise zubereitet, findet Ihr auf der Packung beschrieben. Achtet bitte sorgfältig darauf, daß das Zuckerwasser mit der gequollenen Gelatine nicht zum Kochen kommt. Zu stark erhitzte Gelatine wird nicht mehr fest. Wenn wir unsere Nachspeise nach dem Erkalten stürzen wollen, müssen wir die Formen vor dem Einfüllen der Götterspeise mit kaltem Wasser ausspülen.

Es dauert etwa 3–4 Stunden, bis Götterspeise fest wird. An einem kühlen Ort (aber nicht im Kühlschrank) geht das am schnellsten. Götterspeise bereitet man am besten am Tag vorher zu, oder am Morgen, wenn man sie am Nachmittag servieren will.

Wer die Götterspeise in Gläser gefüllt hat, kann sie darin servieren. Aus den Schüsselchen kann die Götterspeise »gestürzt« werden. Das geht so: Nehmt einen Dessert-Teller, legt ihn auf das Schüsselchen, haltet beides zusammen gut fest und dreht das Ganze nun schnell um.

Dazu servieren wir die Vanillesoße, die wir nach Anweisung auf der Packung angerührt haben.

Wer Götterspeise besonders hübsch servieren will, läßt sie in einer Kastenform erkalten (Form vorher kalt ausspülen!). Die erkaltete Götterspeise stürzen wir, schneiden sie in nicht allzu kleine Würfel und füllen diese Würfel mit dem Eßlöffel in Gläser mit Stiel. Obenauf häufen wir einen Schlagsahneturm. Götterspeise muß kühl serviert werden!

Wem Götterspeise zu grün ist oder zu sehr zittert, der kann ja einmal den »Karierten Affen« versuchen. Der ist fest und braun.

Kekstorte »Karierter Affe«

Zutaten

250 g Kokosfett
250 g Puderzucker
50 g Kakao
1 Eßlöffel Pulverkaffee
1 Prise Salz
2 Eier
1 Eßlöffel Rum
etwa 25 Tortenkekse
Schokoplätzchen zum Verzieren

Zubehör

1 Meßbecher
1 Kastenform
1 Bogen Pergamentpapier
1 Topf für das Kokosfett
1 Schüssel für die Schokoladenmasse
1 Küchenbrett
1 Kochlöffel
1 scharfes Sägemesser

Die Platte Kokosfett zerbrechen wir und lassen die Stücke im Topf bei schwacher Hitze zergehen. Während das Fett zerläuft, stellen

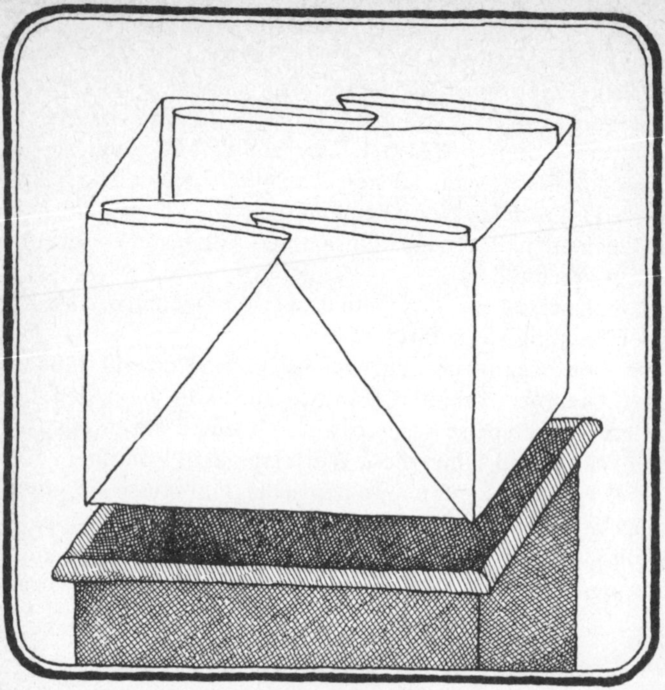

wir eine größere Schüssel auf ein feuchtes Tuch (damit die Schüssel nicht rutscht) und verrühren mit dem Kochlöffel darin Puderzucker, Kakao, Pulverkaffee, Salz, Eier und Rum miteinander. Wenn das Fett zergangen ist, nehmen wir es vom Herd und lassen es abkühlen. Das abgekühlte, aber noch flüssige Fett rühren wir unter die anderen Zutaten.

Jetzt legen wir eine Kastenform mit Pergamentpapier aus. Dahinein schichten wir abwechselnd Tortenkekse und Schokoladenmasse. Wir beginnen mit den Keksen und hören mit der Schokoladenmasse auf. Die Oberfläche streichen wir mit einem Messer glatt, das wir ab und zu ins Wasser tauchen, damit die Schokolade nicht hängen bleibt. Zum Schluß verzieren wir mit Plätzchen.

Nun muß der Karierte Affe im Kühlschrank fest werden. Nach

etwa 2–3 Stunden nehmen wir ihn heraus und heben ihn am Papier auf ein Brett oder auf eine flache Kuchenplatte. Das Pergamentpapier ziehen wir vorsichtig ab und schneiden den Karierten Affen mit einem scharfen Messer in etwa 1 cm dicke Scheiben.

Diese Kekstorte ist auch ein nettes Geschenk zum Mitbringen: wickelt sie in Zellophan, klebt mit Tesafilm zu und bindet eine große grüne Schleife drumherum.

(Aber nicht im Hochsommer, wenn Ihr zwei Stunden autofahren müßt, um Besuch zu machen. Sonst sitzt Euch der Karierte Affe auf der Hose oder auf dem Kleid.)

Himbeerquark

Zutaten (4 Portionen)
500 g Speisequark, 20% Fett i. Tr., d. h. in Trockenmasse (Topfen)
4 Eßlöffel Zucker
1 Vanillezucker
1 Ei
1/8 Liter Milch
1 Paket tiefgekühlte Himbeeren oder 1 1/2 bis 2 Tassen frische Himbeeren

Zubehör
1 hohe Schüssel
1 Handrührgerät
oder 1 Schneebesen
oder 1 Sieb mit Kochlöffel
oder 1 Mixer

Mit dem Schneebesen oder dem Rührgerät verrühren wir in der Schüssel alle Zutaten außer den Himbeeren zu einer glatten Krem. Wer einen Mixer hat, verrührt darin die gefrorenen (oder die frischen) Himbeeren zu Mus. Es geht aber auch ohne Mixer: dazu müssen die gefrorenen Himbeeren aber erst auftauen. Die aufgetauten (oder die frischen) Himbeeren passieren wir dann mit dem Kochlöffel durch ein Sieb.

Die Quarkkrem verteilen wir in Glas- oder Porzellanschüsselchen und schichten das Himbeermark darüber. In die Mitte setzen wir je eine große, schöne, saftige Himbeere.

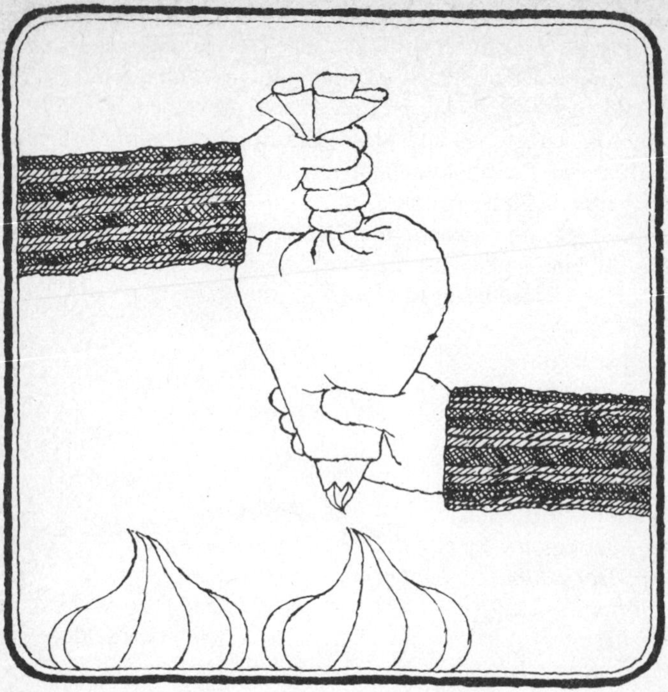

Mandelkrem mit Krokant und Sahne

Zutaten (4 Portionen)
1/2 Liter Milch
1 Packung Mandelpudding-pulver »ohne kochen«
1 Streudose Krokant
(gibt's in Lebensmittelgeschäften zu kaufen)
1/8 Liter Schlagsahne
1 Päckchen Vanillezucker

Zubehör
1 Schüssel für die Krem
1 Schneebesen
1 hoher Becher
1 Schneebesen oder Handrührgerät für die Sahne
1 Spritzbeutel oder 2 Teelöffel

Wir bereiten die Mandelkrem so zu, wie es auf dem Puddingpulverpäckchen angegeben ist. Dann verteilen wir die Krem in Gläser oder Schüsselchen und stellen sie in den Kühlschrank. Während die Krem im Kühlschrank fest wird, schlagen wir die kalte Sahne mit dem Schneebesen oder dem Handrührgerät recht steif. Sicher findet Ihr eine »Küchenhilfe«, die Euch während des Schlagens den Vanillezucker nach und nach in die Sahne rieseln läßt.

Zum Schluß verzieren wir die kühle Mandelkrem mit Sahnetupfern. Wer keinen Spritzbeutel hat, benützt dazu 2 Teelöffel. Über die Sahne streuen wir Krokant.

Schokopudding mit Bananen

Zutaten (4 Portionen)
1/2 Liter Milch
1 Beutel Schokoladenpuddingpulver
3 Eßlöffel Zucker
1 Prise Salz
2–3 weiche Bananen

Zubehör
1 Topf mit Stiel (auch Kasserolle genannt)
1 große Tasse oder
1 kleiner Krug
Schneebesen
Küchenbrett
Messer
Puddingform oder Schüssel

Das Puddingpulver geben wir in die große Tasse und verrühren es trocken mit dem Zucker. Dann erst füllen wir von unserem halben Liter Milch 6 Eßlöffel in die Tasse und rühren mit einer Gabel so lange herum, bis alle Klümpchen verschwunden sind. Die restliche Milch bringen wir in dem Stieltopf bei mittlerer Hitze zum Kochen. Sobald die Milch kocht, stellen wir den Topf zur Seite und schalten gleich auf schwache Hitze zurück. Jetzt lassen wir die Puddingpulversoße aus der Tasse langsam in die heiße Milch fließen und rühren dabei kräftig mit dem Schneebesen um. Dann stellen wir den Topf auf den Herd zurück – immer fleißig weiterrühren – und lassen den Pudding noch etwa eine halbe Minute kochen. Nur wer wissen will, wie angebrannter Pudding schmeckt, darf das Rühren vergessen.

Nach der halben Minute nehmen wir den Topf vom Herd und schneiden die abgeschälten Bananen in den heißen Pudding. Dann rühren wir nochmal vorsichtig, aber gründlich, mit dem Schneebesen um, damit sich die Bananen gleichmäßig im Pudding verteilen.

Die Form spülen wir vorher mit kaltem Wasser aus, damit sie nicht springt. Dann stellen wir den Pudding zum Festwerden kalt.

(Wer leidenschaftlich gern Töpfe ausschleckt, darf keine große Puddingform nehmen. *Je kleiner* die Schüssel, *desto mehr* Pudding bleibt im Topf.)

Eisbecher Rimini

Zutaten (4 Portionen)
1 kleine Dose Fruchtcocktail
1 Tütchen gehackte Mandeln (etwa 30–50 g)
2 Eßlöffel Rosinen
1 Päckchen Vanillezucker
1–2 Familienpackungen Vanille-Eis
Schokoröllchen
Löffelbiskuits
Eiswaffeln

Zubehör
4 Eisschalen oder Dessert-Teller
1 Dosenöffner
1 Salatbesteck
1 Eßlöffel
1 Messer
1 Küchenbrett

Zuerst waschen wir die Rosinen mit kaltem Wasser und trocknen sie vorsichtig mit einem Küchentuch ab. Wer keine Rosinen mag, kann sich diese Arbeit sparen. Dann öffnen wir die Dose Fruchtcocktail, füllen den Saft in ein Glas (und trinken es aus). Das Obst füllen wir in eine Schüssel, geben die Mandeln, die gewaschenen Rosinen und den Vanillezucker dazu und mischen alles gut.

Den Obstsalat verteilen wir auf die vier Eisschalen oder Dessert-Teller. Nun schneiden wir den Vanille-Eisblock in Würfel (am besten auf einem großen Brett, das man danach vielleicht sogar abschlecken kann) und verteilen die Würfel gleichmäßig – nicht schwindeln – auf die Eisschalen. Der Obstsalat soll sich nicht mit den Eiswürfeln mischen.

Zu unserem Eis-Cocktail servieren wir Waffeln, Schokoröllchen und Löffelbiskuits bunt gemischt auf einem Teller.

Nicht traurig sein, wenn Ihr keine Eiswaffeln oder Schokoröllchen zu Hause habt. Der Eisbecher Rimini schmeckt auch ohne Zutaten.

Ihr kennt doch die Geschichte vom Schlaraffenland, wo man sich durch einen Berg süßen Breies essen muß, bis man an all die Köstlichkeiten kommt, die dort in Bächen fließen und auf Bäumen wachsen. Süßes schmeckt nicht nur köstlich im Sommer oder als kalte Nachspeise. Das ganze Jahr über zwischen Schule und Ferien, zwischen Hausaufgaben und Spielen haben wir immer wieder ein bißchen Sehnsucht nach einem Stück Zauberland. Aber was ein echter Schlaraffenkoch ist, der findet den Weg schon. Vielleicht fangt Ihr beim »Kirschenmichel« an, Euch durch den süßen Berg zu essen.

Kirschenmichel mit Vanillesoße

Zutaten (4 Portionen)

4 zwei bis drei Tage alte Semmeln (Brötchen)
3/8 Liter Milch
2 Eßlöffel Butter
4 Eßlöffel Zucker
1 Päckchen Vanillezucker
3 Eigelb
1 Eßlöffel Grieß
1 Teelöffel Zitronensaft
3 Eiklar
1 kleines Glas Sauerkirschen
1 Eßlöffel Semmelbrösel
1 Eßlöffel Butter
Fett für die Form
1/4 Liter Milch
1 Päckchen Vanillesoßenpulver »ohne kochen«

Zubehör

1 scharfes Messer
1 Topf mit Stiel (auch Kasserolle genannt)
1 Wender (auch Bratschaufel genannt)
1 kleine und 1 große Schüssel
1 Handrührgerät
1 hoher Becher oder 1 Schüssel
1 Schneebesen
1 Auflaufform
1 Schüsselchen mit Sieb
1 Schüssel zum Einweichen der Semmelwürfel

Die altbackenen Semmeln schneiden wir mit dem scharfen Messer in kleine Würfel und geben die Würfel in eine nicht allzu große Schüssel. Dann lassen wir die Milch bei Mittelhitze gut warm werden und gießen sie über die Semmelwürfel. Wir rühren einmal um und lassen das Ganze zum Durchziehen stehen.

Jetzt richten wir Schüssel und Becher her. Die Eier schlagen wir auf und trennen sie: das Eiklar lassen wir in den Becher gleiten, die Eigelb in die Schüssel. Gebt bitte acht, daß kein Eigelb in das Eiklar mitrutscht, weil sonst der Eischnee nicht steif wird.

Zu den Eigelb in der Schüssel geben wir nun die Butter, den Zucker, den Vanillezucker und rühren das Ganze mit dem Rührgerät zu einer glatten Krem. (Bei elektrischen Rührgeräten über alle Schaltstufen). Wenn die Krem glatt ist, fügen wir den Grieß, den Zitronensaft und zum Schluß die eingeweichten Semmeln dazu und mischen alles miteinander.

Jetzt heizen wir den Backofen vor: Elektroherd 210 Grad, Gasherd zwischen 3 und 4.

Die Eiklar im Becher schlagen wir zu steifem Schnee; dazu müßt Ihr vorher die Rührbesen des Handrührgerätes sorgfältig abspülen und abtrocknen – dann erst kräftig kurbeln. Elektrogeräte schalten wir auf höchste Schaltstufe. Den fertigen Eischnee heben wir mit dem Schneebesen vorsichtig unter die Semmelmasse in der Schüssel. Jetzt öffnen wir das Sauerkirschenglas und lassen die Kirschen in einem Sieb über einem Schüsselchen abtropfen. Unsere Auflaufform fetten wir rundherum ein wenig mit Margarine aus und schichten dann abwechselnd Semmelmasse, abgetropfte Kirschen und wieder Semmelmasse ein. Auf die oberste Schicht Semmelmasse streuen wir Semmelbrösel und ein paar Butter- oder Margarineflöckchen. Und ab damit in den Backofen. Den Auflauf backen wir auf mittlerer Höhe etwa 40 Minuten lang.

Mittlerweile haben wir Zeit, die Vanillesoße zuzubereiten. Wie das geht, steht auf dem Päckchen. In etwa 45 Minuten ist der Auflauf fertig. Wir servieren ihn aus der Form auf die Teller und reichen die Vanillesoße dazu.

Natürlich ist der Kirschenmichel nur der erste Schritt auf dem

Weg ins Schlaraffenland. Wer wirklich dorthin gelangen will, muß noch fleißig weiteressen.

Die nächste Station:

Queens Pudding

Zutaten (4 Portionen)
4 Scheiben Toastbrot
1 große Tasse Milch
1 Eßlöffel Butter
2 Eßlöffel Zucker
2 Eigelb
1 Teelöffel Vanillepuddingpulver
2 Tropfen Zitronenöl (in kleinen Fläschchen zu kaufen)
Fett für die Form
2 Eßlöffel Erdbeermarmelade
2 Eiklar
1 Eßlöffel Zucker
1 Eßlöffel Mandelblättchen oder Mandelsplitter

Zubehör
1 scharfes Messer
1 Topf mit Stiel (auch Kasserolle genannt)
1 flache Auflaufform
1 Löffel für die Marmelade
1 Rührgerät
1 Becher

Zuerst schneiden wir die Toastbrotscheiben in Würfel, die Würfel füllen wir in eine Schüssel, geben Butter und Zucker dazu. Dann lassen wir die Milch im Stieltopf gut heiß werden, aber nicht kochen, und schütten die heiße Milch über die Weißbrotwürfel. Das Ganze lassen wir nun etwa eine halbe Stunde ziehen.

Jetzt heizen wir den Backofen vor: Elektroherd 200 Grad, Gasherd zwischen Stufe 3 und 4.

Während der Backofen vorheizt, trennen wir die Eier: das Eiklar kommt in den Becher, das Eigelb verrühren wir mit Zitronenöl und dem Vanillepuddingpulver (das wir gleichmäßig darüberstreuen) mit der weichen Brotmasse. Dann streichen wir mit wenig Fett die flache Auflaufform aus und füllen die »Teigmasse« hinein. Den Auflauf überbacken wir im vorgeheizten Backofen (Einschubhöhe Mitte) etwa 15 Minuten.

Sobald der Auflauf im Backofen ist, schlagen wir die Eiklar zu steifem Schnee. Während des Schlagens geben wir einen Eßlöffel Zucker nach und nach dazu.

Nach einer Viertelstunde nehmen wir den Auflauf aus dem Ofen, verstreichen auf dem heißen Auflauf die Marmelade und verteilen darüber den Eischnee. Obendrauf streuen wir die Mandelblättchen. Jetzt kommt der Auflauf nochmal in den heißen Backofen und bleibt so lange drinnen, bis der Eischnee lichtgelb ist. Das dauert etwa 10 Minuten.

Quarkauflauf mit Aprikosen

Zutaten (4 Portionen)
2 Eßlöffel Butter oder Margarine
5 Eßlöffel Zucker
2 Eigelb
1 Päckchen Vanillepuddingpulver
1 Messerspitze Salz
1 Teelöffel Zitronensaft
500 g Speisequark (Topfen), Magerstufe
2 Eiklar
1 kleine Dose Aprikosen
Fett für die Form
1 Eßlöffel Semmelbrösel
1 Eßlöffel Speisestärke (Gustin oder Mondamin)
1 Eßlöffel Zucker
½ Teelöffel Zitronensaft

Zubehör
1 hohe Schüssel
1 Handrührgerät oder
1 Kochlöffel
1 hoher Becher
1 Schneebesen
1 Sieb
1 Dosenöffner
1 Schüssel
1 Auflaufform

Becher und Schüssel nebeneinander aufstellen, Eier vorsichtig aufschlagen und sorgfältig trennen: die Eiklar kommen in den Becher, die Eigelb in die Schüssel.

Jetzt geben wir alle Zutaten für die Quarkkrem: Butter, Zucker, Vanillepuddingpulver, Salz, Zitronensaft und Quark zu den Eigelb in die Schüssel und verrühren das Ganze zu einer glatten Masse. Mit dem elektrischen Handrührgerät geht es über alle Schaltstufen bequemer, Rühren mit dem Kochlöffel ist ein gutes Training und stärkt die Muskeln.

Das gilt auch für die Zubereitung des Eischnees. Im Becher schlagen wir die Eiklar zu steifem Schnee und heben ihn vorsichtig mit dem Schneebesen unter die Quarkmasse.

Dann wird der Backofen vorgeheizt: Elektroherd 200 Grad, Gasherd Stufe 3–4.

Während der Herd vorheizt, öffnen wir die Aprikosendose und lassen die Früchte auf dem Sieb abtropfen. Den Saft stellen wir für die Fruchtsoße zur Seite, die Früchte schneiden wir mit dem Messer in nicht allzu große Stücke und mischen sie unter die Quarkkrem. Dann streichen wir die Auflaufform – sie muß feuerfest sein – mit wenig Fett aus, streuen die Semmelbrösel hinein und schwenken die Form so lange hin und her, bis die Semmelbrösel überall gleichmäßig am Fett haften. Wir füllen die Quarkkrem ein und schieben den Auflauf in den Ofen. Er muß bei Einschubhöhe Mitte etwa 45 Minuten backen. Unser Auflauf ist fertig, wenn er oben eine schöne goldgelbe Kruste hat. Aber bitte nicht zu oft in den Backofen schauen.

Während der Auflauf backt, bereiten wir die Fruchtsoße zu: In einer halben Tasse kaltem Wasser verrühren wir einen Eßlöffel Mondamin oder Gustin, bis sich alle Klümpchen aufgelöst haben. Dann bringen wir den Aprikosensaft mit einem Eßlöffel Zucker und einem halben Teelöffel Zitronensaft zum Kochen und lassen unter kräftigem Rühren das Wasser mit der aufgelösten Stärke in den Saft laufen. Die Fruchtsoße soll nicht länger als eine Minute kochen; vergeßt das Rühren nicht, sonst gibt's Klümpchen.

Die Soße wird heiß zum Auflauf serviert.

Wichtig: Wenn wir Puddingpulver, Mehl oder Speisestärke trocken in heiße Flüssigkeiten einrühren, gibt es unweigerlich Klümpchen, die nicht wieder zum Verschwinden zu bringen sind. Deswegen: alle diese »Bindemittel« erst in kalter Flüssigkeit (Wasser, Saft, Milch oder Brühe) anrühren, dann erst den heißen Flüssigkeiten zufügen.

5

Rosinen im JAHR

Rasenmähen, Zimmeraufräumen und Schularbeiten sind notwendige Dinge, aber selten bereiten sie reine Freude. Aber Essen und Trinken sind nicht nur notwendig, sondern auch vergnüglich, und es soll Leute geben, die feiern mindestens dreimal täglich ein kleines Fest – beim Frühstück, beim Mittagessen und beim Abendbrot. Nun kann man zwar auch essen, ohne gleich ein Fest zu feiern – aber ein Fest ohne Essen und Trinken ist und bleibt ein alter Hut. Das war schon bei den alten Römern und erst recht bei den Galliern so, und so wird es auch bleiben, solange Kochen noch eine Kunst und Essen noch ein Vergnügen ist.

Osterfladen und Martinsgans, Weihnachtsstollen, Hochzeitstorte und Faschingskrapfen – nicht wenige Speisen sind sogar nach dem Festtag benannt, an dem sie nach alter Tradition aufgetragen und verspeist werden. Es versteht sich von selbst, daß Speisen und Getränke zu festlichen Gelegenheiten auch festlich serviert werden sollen. Bunt die Salate, lustig mit Grünzeug verziert die Braten, auf besonders hübschen Tellern die Mehlspeisen und in bunten Gläsern mit farbigen Strohhalmen die Getränke.

Aber was tun, wenn kein Fest zur Hand ist? Ja – dann müßt Ihr eben Eure Phantasie ein wenig in Schwung bringen und eines erfinden!

So verschieden die Tage im Jahr, so verschieden sind auch die Feste. Die einen entstehen ganz plötzlich, so wie die Sonne aus den Wolken bricht, die anderen werden lange und sorgfältig vorbereitet. Keller oder Küche, Wohnzimmer oder Speicher, Kinderzimmer, Garten – kein Ort ist vor einem Fest sicher.

Wer Freunde einlädt, die sich nicht mögen, darf sich nicht wundern, wenn es Streit gibt. Und wer sich ärgert, weil er alle Arbeit in der Küche selber tun muß, ist selber schuld daran. Wenn Ihr bei Euch zu Hause feiert und die Schweinswürstl grillt, dann können Hans und Peter den Nudelsalat mitbringen und Claudia den Apfelsaft. Dazu müßt Ihr Euren Freunden natürlich zwei Tage vorher das Rezept für den Nudelsalat aus unserem Kochbuch abgeschrieben haben.

Oder Ihr dreht den Spieß einfach um und ladet zum großen Kochfest ein, zu dem jeder ein paar Zutaten mitbringt, und an dem alle Gäste nicht nur mitessen, sondern auch mitkochen dürfen! Ihr werdet sehen, das macht allen Spaß, auch denen, die vielleicht zum ersten Mal selber kochen. Denen seid ihr natürlich schon ein Stück voraus.

Der Sommerfrische Wurstsalat ist ein köstliches Gericht für heiße Tage. Er schmeckt frisch und macht schön satt nach dem Spielen im Freien. Ihr könnt ihn gut zu zweit zubereiten, das geht schneller.

Sommerfrischer Wurstsalat

Zutaten (4 Portionen)
250 g Lyoner oder Stadtwurst
3 Eier
4 Tomaten
1 Bund Radieschen

Für die Salatsoße:
2 Eßlöffel Essig
1 Eßlöffel Öl
1 kleiner Becher saure Sahne oder Joghurt
1/2 Teelöffel Salz
1 Messerspitze Pfeffer
1 Messerspitze Zucker
1 Eßlöffel Schnittlauchröllchen

Zubehör
1 Küchenbrett
1 sehr scharfes Küchenmesser
1 Topf für die Eier
1 Schaumlöffel
1 Salatschüssel
1 Salatbesteck

In einem Topf bringen wir etwa einen halben bis dreiviertel Liter Wasser bei starker Hitze zum Kochen, legen die Eier vorsichtig mit dem Schaumlöffel in das kochende Wasser und lassen sie etwa 10 Minuten lang bei mittlerer Hitze kochen. Den Topf decken wir nicht zu. Während die Eier kochen, ziehen wir der Wurst die Haut ab und waschen die Tomaten und Radieschen.

Wenn die 10 Minuten um sind, holen wir mit dem Löffel die Eier aus dem Topf und schrecken sie kräftig unter kaltem Wasser ab, damit sie sich besser schälen lassen. Dann schneiden wir Wurst, Eier und Radieschen in Scheiben, stechen aus den Tomaten die Stielansätze heraus und teilen die Tomaten in Achtel.

Wenn Euch jemand beim Kochen geholfen hat, ist die Salatsoße vielleicht schon fertig. Wenn nicht, bereiten wir sie schnell zu: alle für die Salatsoße angegebenen Zutaten werden in der Salatschüssel gut gemischt. Dann waschen wir den Schnittlauchbund, schneiden die Hälfte davon klein und mengen den Schnittlauch unter die Soße. Nun fügen wir Wurst, Eier, Tomaten und Radieschen dazu und vermischen alles vorsichtig, damit aus unserem schönen, bunten Salat kein Brei wird. Den Salat lassen wir 15 Minuten durchziehen und servieren ihn dann mit frischem Schwarzbrot.

Ein besonders sättigender Salat, der herzhaft schmeckt und zu jeder Art von Fest paßt, ist der

Sellerie-Kartoffel-Salat

Zutaten (4 Portionen)
1 Glas Sellerie in Scheiben
1 Apfel
500 g Pellkartoffeln
4 Scheiben geräuchertes, gekochtes Kasseler

Für die Salatsoße:
1 Eßlöffel Mayonnaise
1 kleiner Becher saure Sahne oder Joghurt
1 Eßlöffel Zitronensaft
1 Teelöffel Salz
1 Messerspitze Zucker

Zum Verzieren:
geraspelte Rote Rüben aus dem Glas
1 Röhrchen Kapern (in Essig eingelegte Blütenknospen des Kapernstrauches aus Südeuropa)

Zubehör
1 Topf zum Kartoffelkochen
1 Küchenbrett
1 scharfes Küchenmesser
1 Salatschüssel
1 Salatbesteck

Die Kartoffeln haben wir schon am Tag vor dem Fest gekocht: Kartoffeln waschen und im Topf mit etwa mit $^{1}/_{2}$ Liter Wasser bei starker Hitze zum Kochen bringen. Bei schwacher Hitze lassen wir dann die Kartoffeln im zugedeckten Topf garkochen.

Heute sind die Kartoffeln von gestern kalt und lassen sich leicht schälen. Die geschälten Kartoffeln schneiden wir in Würfel. Die

Selleriescheiben aus dem Glas schneiden wir in dünne Streifen, den gewaschenen Apfel zuerst in Achtel, dann in feine Blättchen.

Aus den Soßenzutaten rühren wir die Soße an, mischen Kartoffelwürfel, Selleriestreifen und Apfelblättchen darunter, schmecken den Salat mit Salz und Essig ab und häufen ihn auf eine Platte. An jede Seite des Salatberges legen wir eine Scheibe Kasseler. Zum Schluß verzieren wir den Salatberg mit geraspelten Roten Rüben und Kapern.

Wer keine Kapern mag, läßt sie einfach weg.

Pommes frites: das heißt eigentlich Bratäpfel. Aber darauf fällt heute niemand mehr herein; alle Kinder kennen die heißen, knusprig-goldgelben Kartoffelstäbchen, die meisten Kinder lieben sie, und man ißt sie überall auf der Welt. Sie schmecken für sich allein genauso gut wie als Beilage zu Fleisch, Geflügel und Salaten. Man kann sie zu jeder Tages- und Jahreszeit essen.

Ein besonderer Leckerbissen sind

Pommes frites mit Schwyzer Steaks

Zutaten (4 Portionen)
2–3 Pakete tiefgekühlte Pommes frites
Fett für das Blech
2 Eßlöffel Öl für die Kartoffeln
1 Teelöffel Paprikapulver
1 Teelöffel Salz
1 Packung »Schwyzer Steaks«
2 Eßlöffel Öl für die Steaks
Tomatenketchup

Zubehör
1 Backblech
1 Wender (auch Bratschaufel genannt)
1 Bratpfanne

Wir heizen zuerst den Backofen vor: Elektroherd 200 Grad, Gasherd Stufe 3–4.

Das Backblech bestreichen wir mit Margarine oder Öl, verteilen die Pommes frites aus der Packung auf dem Blech und beträufeln sie mit Öl. Dann werden sie auf mittlerer Höhe in den heißen Backofen geschoben.

Während die Pommes frites backen, braten wir die Schwyzer Steaks. Wir lassen in der Pfanne das Öl bei starker Hitze heiß werden, schalten auf Mittelhitze zurück und legen mit dem Wender vorsichtig die Schwyzer Steaks in das heiße Öl. Sobald die Steaks auf beiden Seiten knusprig braun sind, nehmen wir die Pfanne vom Herd.

Mittlerweile müßten auch die Pommes frites fertig sein, sie brauchen etwa 20 Minuten. Wir holen die goldbraun gebackenen Kartoffelstäbchen aus dem Backofen, richten sie auf einer Platte an und bestreuen sie mit Salz und ein wenig Paprikapulver. Drumherum verteilen wir die Schwyzer Steaks. Dazu servieren wir Senf, Tomatenketchup, Remoulade oder andere Fertigsoßen.

Pommes frites mit Schwyzer Steaks sind ein »schnelles« Gericht, das wir auch dann servieren können, wenn eigentlich niemand mit einem Fest gerechnet hatte.

Wenn wir einmal einen besonderen Anlaß, viel Zeit zur Vorbereitung und nicht allzu viele Gäste haben, reichen wir als Hauptgericht

Gebackene Hähnchen in Folie

Zutaten

je nach Appetit für jedes Kind 1/4 bis 1/2 Hähnchen
je 1/2 Teelöffel Salz, Pfeffer und Paprikapulver pro Hähnchen
Öl für die Alufolie
Fertigsoßen wie Ketchup, Idealsoße, Barbecue-Soße

Zubehör

1 Backblech
1 Alufolie
1 Geflügelschere
1 scharfe Schere für die Folie

Wenn wir tiefgefrorene Hähnchen verwenden wollen, lassen wir sie über Nacht auftauen, schneiden sie aber aus der Plastikhaut heraus.

Vor dem Backen spülen wir sie unter fließendem Wasser innen und außen ab und trocknen sie anschließend mit einem Küchentuch. Dann mischen wir auf einem kleinen Teller Salz, Pfeffer und Paprika und reiben mit dieser Mischung die Hähnchen außen und innen ein. Jetzt wird der Backofen vorgeheizt: Gasherd Stufe 4, Elektroherd 220 Grad.

Während der Herd heiß wird, bereiten wir ein großes Blatt Alufolie vor, fetten es ein und legen das Hähnchen mit dem Rücken schön in die Mitte der Folie. Die Ränder der Folie schlagen wir nach oben und falten sie über der Hähnchenbrust zusammen, damit der Bratensaft nicht auslaufen kann.

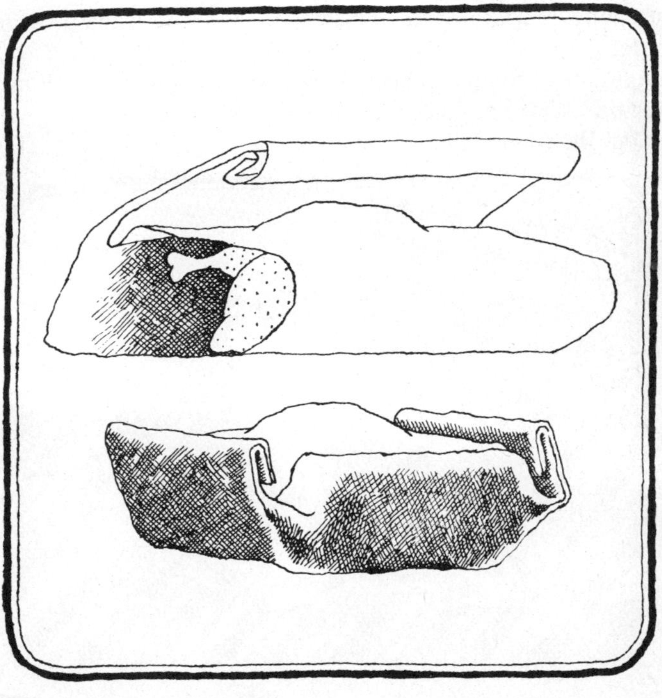

Jetzt legen wir das oder die Hähnchen auf den Grillrost und schieben den Rost auf der mittleren Schiene in den Backofen. Normalgroße Hähnchen brauchen etwa 50 bis 60 Minuten, besonders große Hähnchen 10 bis 15 Minuten länger. Nach dieser Zeit öffnen wir den Backofen, ziehen mit dem Topflappen den Grillrost heraus und schneiden mit einer scharfen Schere die Alufolie oben auf. Wir öffnen die Folie so weit, daß das Hähnchen von oben und von der Seite Hitze bekommt und schieben den Grillrost mit den Hähnchen wieder zurück in den Backofen. In den nächsten zehn Minuten sollen sie oben eine knusprig braune Kruste bekommen.

Die fertigen Hähnchen holen wir aus dem Herd, nehmen sie aus der Folie und schneiden sie mit der Geflügelschere in Stücke, so wie Ihr es auf der Zeichnung seht. (Das nennt man bei Geflügel und Wild tranchieren.) Die Geflügelstücke häufen wir auf eine Platte und servieren mit verschiedenen Soßen nach Lust und Laune.

Besonderen Spaß macht es, daß man Geflügel mit den Fingern essen darf. Dazu braucht man natürlich viele Servietten.

Mögt Ihr einen Salat zum Hähnchen?

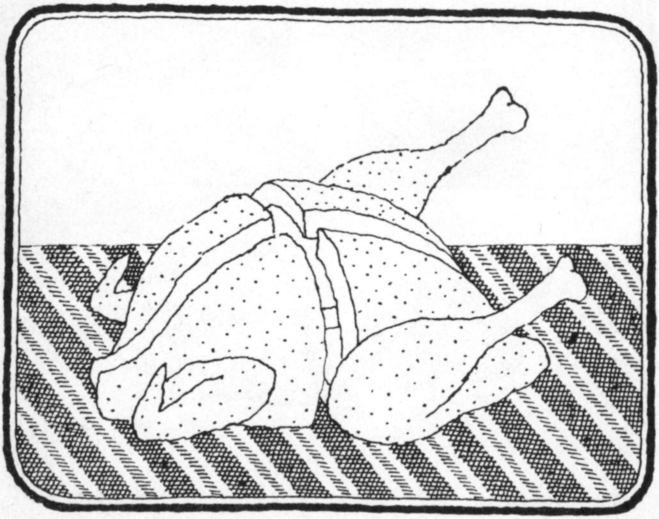

Bei jedem *Sommerfest* bringen Salate Frische und Farbe auf den Tisch. Für alle Salatrezepte brauchen wir als Zubehör:

1 scharfes Messer, 1 Küchenbrett, 1 Tasse mit Löffel zum Anrühren der Salatsoße, 1 Salatbesteck und natürlich 1 Schüssel zum Einfüllen des Salates. Am hübschesten sieht der Salat in Glasschüsselchen aus.

Für manche Salate brauchen wir außerdem:
1 Reibe, 1 Sieb und 1 Küchenschere.

Möhrensalat

(Karottensalat, Gelberübensalat)

Zutaten (4 Portionen)
500 g Möhren
1 Apfel

Salatsoße aus:
$^1/_3$ Flasche French-Dressing
Zum Verzieren Dill oder Petersilie

Wir waschen die Möhren, kratzen mit dem Messer ganz dünn die Schale ab und raffeln die Möhren auf einer Reibe. Dann waschen wir den Apfel und reiben ihn mit der Schale in die geraffelten Gelberüben. Die Soße füllen wir in die Salatschüssel, geben Möhren mit Apfel dazu und mischen mit dem Salatbesteck alles gut durcheinander. Wir schmecken den Salat mit etwas Salz und Zucker ab, lassen ihn gut durchziehen und verzieren vor dem Servieren mit Dill oder Petersiliensträußchen.

Bitte wischt den Rand der Salatschüssel vor dem Servieren mit Krepp oder einem Küchentuch ab, wenn er verschmiert ist.

Chicorée-Salat

Zutaten (4 Portionen)
4 Stauden Chicorée

Salatsoße aus:
1/3 Flasche Catalina-Dressing
zum Verzieren 1 Orange

Wir entfernen die äußeren, braunen und verwelkten Blätter der Chicoréestaude und stechen am Strunkende den bitteren Kern heraus. Dann schneiden wir die Stauden in dünne Ringe, waschen die Ringe unter fließendem Wasser im Sieb und lassen sie abtropfen.

In die Salatschüssel gießen wir die Salatsoße, fügen die Chicoréerädchen zu und mischen mit dem Salatbesteck alles gut durcheinander. Wir schmecken ab, lassen den Salat durchziehen und verzieren ihn vor dem Auftragen mit Orangenspalten.

Tomatensalat

Zutaten (4 Portionen)
500 g Tomaten
1 Zwiebel

Salatsoße aus:
2 Eßlöffel Essig
2 Eßlöffel Öl
1/2 Teelöffel Salz
1 Messerspitze Zucker
zum Verzieren
Schnittlauchröllchen

Die Soßenzutaten vermischen wir mit dem Löffel gut in einer Tasse.

Dann schälen wir die Zwiebel, halbieren sie und schneiden sie in kleine Würfel. Die Zwiebelwürfelchen mengen wir unter die Salatsoße und lassen sie durchziehen.

Die Tomaten werden gewaschen und die Stielansätze entfernt. Mit dem scharfen Messer schneiden wir die Tomaten in Scheiben. Die Tomatenscheiben ordnen wir schuppenförmig in der Salatschüssel an, dazu nehmen wir am besten Löffel oder Gabel des Salatbestecks. Jetzt gießen wir über die Tomatenscheiben die Salatsoße und verzieren vor dem Auftragen mit frischen Schnittlauchröllchen.

Einladung zum Grillen

Wer seinen Gästen ein besonderes Vergnügen bereiten will, der lädt sie zum Grillen ein.

Außer Flüssigkeiten und Süßigkeiten kann man fast alles grillen: Steaks, Bananen, Tomaten, Fisch, Käse, Brot, alle Würstchen, Geflügel, Äpfel, Leber, Leberkäs, Frikadellen, Zwiebel, Schnittwurst, Speck, grünen Paprika, Auberginen – und Euch fällt bestimmt noch mehr ein.

Grillen kann man drinnen und draußen. Jeder moderne Elektro- und Gasherd hat einen Grill im Backofen. Aber am meisten Spaß macht Grillen im Freien über der Holzkohlenglut, und da schmeckt's auch am besten. Laßt Euch von Vater oder Mutter einmal zeigen, wie man den offenen Grill anschürt – wenn Ihr's dann gut könnt, dürft Ihr sicher auch selber »zündeln«.

Zum Grillen brauchen wir Öl, 1 Pinsel, je nach Grillgut (so nennt man die Sachen, die wir grillen) verschiedene Gewürze und 1 Grillzange, denn die Gabel macht Löcher in die Würstchen, aus denen der Saft dann herausläuft.

Drei Dinge aber gebraucht der Grillkünstler nie: Petroleum, Spiritus und Benzin, weil sie lebensgefährlich sind. Schon wenige

Tropfen von diesen leicht brennbaren Stoffen lassen wie bei einer Explosion Stichflammen aus der Glut aufsteigen.

Jede Kunst braucht Übung. Fangen wir mit einem einfachen Grillgericht an:

Schweinswürstl

Zutaten (4 Portionen)
4–6 Paar Schweinswürstl
Öl für die Würstchen und den Grillrost
Fertigsoßen
Stangenweißbrot

Zubehör
Grillrost
Fettpinsel
Grillzange

Zuerst bereiten wir den Grill vor: Wir schalten den Gas- oder Elektroherd auf Stellung Grillen oder entfachen ein Holzkohlenfeuer. Beim Grillen im Herd bitte nicht vergessen, unter den Grillrost das Backblech einzuschieben, sonst tropfen Öl und Saft vom Grillgut in den Backofen und brennen an.

Wenn der Grill heiß ist, nehmen wir den Pinsel und bestreichen die frischen Schweinswürstl und den Grillrost dünn, aber sorgfältig mit Öl. Nun legen wir die Würstl auf den Rost und grillen sie zuerst auf der einen Seite knusperbraun. Dann wenden wir sie mit der Grillzange um und grillen weiter, bis die Schweinswürstl auch auf der anderen Seite eine schöne Kruste bekommen haben.

(Beim Grillen im Backofen bleibt die Backofentür durch den eingesetzten Grillschirm geöffnet, damit der Dunst abziehen kann.)

Zu den gegrillten Schweinswürstchen servieren wir Stangenweißbrot, das sich schön abbrechen läßt, und Fertigsoßen nach Geschmack.

Wer schon ein bißchen Übung im Grillen hat, wagt sich an

Koteletts

Zutaten (4 Portionen)
4 Schweinekoteletts
Öl für die Koteletts und den Grillrost
1/2 Teelöffel Salz
1/2 Teelöffel grober Pfeffer
1/3 Teelöffel Knoblauchpulver
Fertigsoßen
Stangenweißbrot

Zubehör
1 Grillrost
1 Fettpinsel
1 Grillzange

Zuerst bereiten wir wieder den Grill vor: Elektroherd 300 Grad, Gasherd Stufe 5–6 (Grillgut immer erst einschieben, wenn der Grill heiß ist!).

Wir ölen die Koteletts und den Grillrost und grillen die Koteletts von beiden Seiten goldbraun. Wenn sie fertig sind, würzen wir sie mit dem Gemisch aus Salz, Pfeffer und Knoblauchpulver. Dazu servieren wir wieder unser Stangenweißbrot und die Fertigsoßen.

Man kann die Koteletts auch vor dem Grillen schon mit der Gewürzmischung einreiben und die Gewürze etwa ½ Stunde einziehen lassen. Dann schmecken die Koteletts besonders herzhaft.

Probiert doch zu gegrilltem Fleisch auch einmal gegrillte Tomaten. Hier ist das Rezept:

Tomaten

Zutaten (4 Portionen)
4 große, feste Tomaten
1/2 Teelöffel Salz
1/2 Teelöffel Pfeffer
1 Teelöffel Butter
Öl für den Grillrost
krause Petersilie
etwas Knoblauchpulver
oder frischer Knoblauch

Zubehör
1 Grillrost
1 Fettpinsel
1 scharfes Küchenmesser

Grill anheizen, die festen Tomaten oben mit dem Messer kreuzweise einritzen und die Haut ein wenig zurückziehen. Dann würzen wir das Tomatenfleisch mit Salz und Pfeffer und geben ein Flöckchen Butter darauf. Wir setzen die Tomaten auf den Grillrost und grillen sie – ohne sie zu wenden – etwa 8 bis 10 Minuten. Die Backofentür bleibt offen. Die fertig gegrillten Tomaten verzieren wir mit Petersilie. Wer die Tomaten nicht als Beilage zu Fleisch serviert, reicht Knoblauchbrot dazu.

Wer will, kann sein Weißbrot auch in Scheiben schneiden und auf dem noch heißen Grill toasten. Den Knoblauch streuen wir dann erst nach dem Toasten auf die Brote.

Jetzt wißt Ihr, wie man grillt, und nichts mehr kann Euch daran hindern, neue Rezepte auszuprobieren. Zum Beispiel Weißbrot mit Camembert. Oder einen mit wenig Zucker bestreuten Apfel. Oder eine mit ganz wenig Rum beträufelte Banane. Da sind Eurer Erfindungsgabe keine Grenzen gesetzt.

Gegrilltes ist besonders leicht verdaulich. Da kommt es schon vor, daß wir nach dem Grillen schnell wieder Hunger kriegen.

Dagegen hilft zum Beispiel ein

Nudelsalat

Zutaten (6–8 Portionen)
250 g Nudeln (am besten Spaghetti)
125 g Mayonnaise
2 Eßlöffel Öl
1 Eßlöffel Essig
125 g Tilsiter Käse
200 g Kalbfleischwurst in 1/2 cm dicken Scheiben
3 große Essiggurken
4 Tomaten
1 Schote grüner Paprika
Salz, Pfeffer, Schnittlauch oder Dill

Zubehör
1 große Schüssel
1 Topf
1 Sieb
1 Küchenbrett
1 scharfes Messer
2 Eßlöffel
1 Küchenschere
1 Salatbesteck

Am besten gelingt Euer Nudelsalat mit Spaghetti vom Tag vorher. Natürlich kann man Nudelsalat auch mit anderen Nudeln zubereiten, zum Beispiel aus Hörnchen, Makkaroni oder Eiermuscheln. Wenn von gestern keine Nudeln übriggeblieben sind, kochen wir eben frische.

In einem Topf bringen wir etwa 1½ bis 2 Liter Wasser mit einem Teelöffel Salz bei starker Hitze zum Kochen. Dann legen wir die Nudeln hinein und lassen sie unter gelegentlichem Umrühren in etwa 20 Minuten bei schwacher bis mittlerer Hitze garziehen. Laßt den Deckel einen Spalt offen, sonst schäumt das Nudelwasser über. Die fertigen Nudeln (mit der Gabel probieren, sie müssen weich sein) schütten wir in ein Sieb und brausen sie unter fließendem kalten Wasser ab. Nun lassen wir die Nudeln eine halbe Stunde abtropfen und füllen sie in eine große Schüssel. Spaghetti und Makkaroni müßt Ihr vorher auf einem Brett in etwa 2–3 cm lange Stücke schneiden.

Dann verteilen wir mit den beiden Löffeln Öl und Essig gleichmäßig unter die Nudeln. Das Ganze lassen wir durchziehen. Inzwischen bereiten wir die anderen Zutaten vor: Zuerst ziehen wir von der Wurst die Haut ab. Nun schneiden wir die Wurst, den

Tilsiter, die Essiggurken, die gewaschenen Tomaten und den gewaschenen Paprika in ganz kleine Würfel. Alles zusammen vermischen wir mit Hilfe der beiden Löffel mit den Nudeln. Zum Schluß vermengen wir das Ganze mit der Mayonnaise, schmecken mit Salz und Pfeffer ab und verzieren mit frisch geschnittenem Schnittlauch oder Dill.

Nudelsalat muß vor dem Servieren mindestens eine halbe Stunde durchziehen, damit sich der Geschmack gleichmäßig verteilt.

Vor dem Auftragen wischen wir den Schüsselrand wieder mit einem Küchentuch oder mit Küchenkrepp sauber.

Wer von dem Nudelsalat nicht satt wird, muß schon ein kleiner Vielfraß sein.

Wenn Ihr viele Gäste habt oder am Festtag lieber selber feiern als in der Küche stehen wollt, ist es praktisch, wenn man ein Gericht schon am Tag vorher zubereiten kann. Dazu eignen sich besonders

Fleischtaschen

Zutaten (4 Portionen)
1 Paket Blätterteig tiefgekühlt
2 rohe, weiche Bratwürste
125 g gemischtes Hackfleisch
1/2 Teelöffel Salz
1/2 Teelöffel Senf
1/3 Teelöffel Pfeffer
1 Eigelb
2 Eßlöffel Milch

Zubehör
1 Nudelholz (auch Nudelwalker genannt)
1 Tasse
1 Schüssel
1 Gabel
1 Pinsel

Der tiefgefrorene Blätterteig muß etwa 3–4 Stunden bei Zimmertemperatur auftauen.

Einstweilen haben wir leicht Zeit, die Füllung vorzubereiten: Wir schneiden die Bratwürste an einem Ende auf und drücken die Bratwurstmasse in eine Schüssel, fügen Hackfleisch, Salz, Senf und Pfeffer dazu und vermengen alles mit einer Gabel zu einem glatten Fleischteig. Dann bestreuen wir die Tischplatte leicht mit Mehl und rollen den Blätterteig aus, bis er etwa ½ cm dick ist.

Mit der Tasse (sie soll einen möglichst dünnen Rand haben) stechen wir nun dicht nebeneinander runde Plätzchen aus. Wenn Ihr die Tasse vor dem Ausstechen in etwas Mehl taucht, bleibt der Teig nicht hängen. Den übriggebliebenen Teig legen wir übereinander und rollen ihn nochmals aus; das ergibt nochmal ein paar Plätzchen.

Nun heizen wir den Backofen vor: Elektroherd 220 Grad, Gasherd Stufe 4.

Auf jedes Plätzchen setzen wir jetzt einen Eßlöffel voll Fleischteig. Setzt die Fleischmasse bitte nicht in die Mitte, sondern mehr an den Rand des Plätzchens. Die Teigränder bepinseln wir dann mit Wasser, klappen die eine Hälfte des Plätzchens über das Fleisch und drücken die Teigränder leicht zusammen. Eigelb und Milch verquirlen wir nun mit der Gabel in einer Tasse, bepinseln mit dieser Mischung die Fleischtaschen, setzen sie aufs Backblech und schieben sie in den heißen Ofen. Dort müssen sie 20 bis 25 Minuten bei Einschubhöhe Mitte backen.

Die fertigen Fleischtaschen lassen wir abkühlen und können sie am nächsten Tag servieren wie sie sind, oder wir schneiden sie vor dem Auftragen mit einem sehr scharfen Messer in etwa 1 cm dicke Scheiben, die wir auf der Platte wie Dachziegel anordnen. Dazu gibt's viel frischen Salat. Wem Kochen auch am Festtag Freude macht, der kann die Fleischtaschen natürlich auch frisch und heiß servieren.

Und doch, wenn so ein Festmahl zu Ende geht, wünscht sich jeder zum Nachtisch noch etwas Süßes.

Eistorte

Zutaten
1 Paket Löffelbiskuits
¼ Liter Schlagsahne
2 Eßlöffel »San-apart« (das gibt es im Lebensmittelgeschäft zu kaufen)
3 Eßlöffel Erdbeermarmelade
2 Familienpackungen Vanille-Eis
1 Familienpackung Schokoladeneis
Öl für die Schüssel

Zubehör
1 große Schüssel für die Eistorte
1 Fettpinsel
1 Schüssel für die Sahne
1 Handrührgerät mit Rührbesen oder ein Schneebesen
1 Küchenbrett zum Eisaufschneiden
1 scharfes Messer
1 Tortenplatte

Um eine Eistorte zu machen, braucht Ihr entweder eine Tiefkühltruhe oder ein 3-Sterne-Kühlfach im Kühlschrank. Fragt Mutter danach oder schaut selbst nach, ob Euer Kühlschrank ein solches Kühlfach hat.

Die Schüssel streichen wir hauchdünn mit Öl aus und belegen den Boden sternförmig mit Löffelbiskuits. Dann füllen wir die Schlagsahne in eine Schüssel, geben das San-apart dazu und schlagen das Ganze steif (Elektro-Handrührgeräte höchste Schaltstufe). Die steife Sahne vermischen wir vorsichtig mit der Erdbeermarmelade zu Erdbeersahne. Mit einem Löffel streichen wir die Masse gleichmäßig auf die Biskuits. Nun schneiden wir Vanille- und Schokoladen-Eis in Würfel. Dabei müßt Ihr Euch natürlich beeilen, damit das Eis nicht zerläuft. Vanille- und Schokolade-Eiswürfel schichten wir durcheinander auf die Erdbeersahne und drücken das Eis gut an. Dann stellen wir die Torte etwa 2 bis 3 Stunden ins Gefrierfach oder in die Tiefkühltruhe. Zum Anrichten stürzen wir die Torte auf eine Tortenplatte und schneiden sie in Stücke. Das geht am besten mit einem scharfen Messer, das wir in heißes Wasser tauchen.

Wenn es frische Erdbeeren gibt, wird jedes Tortenstück mit einer halben Frucht verziert.

Zur Narrenzeit:

Nun gibt es ja nicht nur Sommerfeste (an denen man unbedingt Eistorte zum Abkühlen braucht). Wer wird denn etwa den ganzen Winter trübsinnig verbringen wollen, ohne einmal zu feiern? Noch dazu, wo im Winter eine ganze Menge Feste auf dem Kalender stehen. An Weihnachten wird Mutter vielleicht selber kochen wollen. Aber wenn Ihr dabei helft, freut sie sich sicher. Und ist bestimmt froh, wenn Ihr dafür die Kocherei für Eure Faschingsfeste selbst übernehmt. Natürlich muß der arme Cowboy nicht ganz allein für alle anderen kochen. Am lustigsten wird es, wenn Cowboy und Burgfräulein zusammenhelfen, damit die Hexen und Indianer, die Ritter und ihre Prinzessinnen nicht verhungern müssen.

Ein Gericht, das Euch besonders großen Spaß machen wird, sind

Steaks am Stiel mit Senf-Dipsoße und buntem Bohnensalat

Zutaten (6–8 Portionen)
400 g gemischtes Hackfleisch (halb Schweine- und halb Rindergehacktes)
1 Ei
1 Eßlöffel Petersilie
1 Teelöffel Senf
1/2 Teelöffel Salz
1/3 Teelöffel Pfeffer
1 Messerspitze Paprikapulver scharf
1 Teelöffel Worcestershire-Soße (das ist eine würzige englische Fertigsoße, die man komischerweise »Wuster« ausspricht)
1 Eßlöffel Semmelbrösel
Öl zum Braten

Zubehör
1 Schüssel für den Fleischteig
1 Gabel
1 Eßlöffel
1 Teelöffel
1 Küchenmesser
1 Küchenschere
1 großes Küchenbrett
1 große Pfanne
1 Wender (auch Bratschaufel genannt)
1 Packung Zahnstocher

Beginnt bitte mit der Zubereitung des Hacksteaks erst, wenn der Salat und die Dip-Soße fertig sind, sonst werden die Steaks kalt!

Den Fleischteig kneten wir mit der Hand.

Das Hackfleisch für unsere »Mini-Beefsteaks« füllen wir in eine große Schüssel, schlagen ein Ei dazu und fügen die kleingeschnittene Petersilie bei, den Senf, das Salz, den Pfeffer, das Paprikapulver und die Worcestershire-Soße. Jetzt stellen wir die Schüssel auf ein feuchtes Tuch auf den Tisch, halten sie mit der linken Hand fest gegen unseren Bauch und vermengen mit der rechten Hand alle Zutaten zu einem glatten Fleischteig. Dann stechen wir mit einem Eßlöffel vom Fleischteig walnußgroße Portionen ab und drehen sie zwischen den wasserfeuchten Händen zu Kugeln. Die Kugeln setzen wir alle auf ein Brett. Wenn der ganze Teig zu Kugeln verdreht ist, erhitzen wir in der Pfanne 3–4 Eßlöffel Öl, legen die Kugeln nebeneinander hinein und braten sie bei guter Mittelhitze. Dabei müßt Ihr sie mit dem Wender ab und zu umdrehen, damit sie auf allen Seiten knusprig braun werden.

Die fertigen Fleischbällchen ordnen wir auf einer Platte an, stecken in jede Kugel einen Zahnstocher und servieren dazu eine »Dip-Soße«.

(»to dip« ist ein englisches Wort, es bedeutet »eintauchen«. Eine Dip-Soße ist also einfach eine Soße, in die wir unsere »Steaks am Stiel« eintauchen, bevor wir sie in den Mund stecken.)

Senf-Dipsoße

Zutaten
1 Beutel Salatmayonnaise
1 Eßlöffel Senf mittelscharf
1/3 Teelöffel Salz
1 Messerspitze Pfeffer und Zucker

Zubehör
1 Schüsselchen
1 kleiner Schneebesen oder
1 Gabel

In dem Schüsselchen verrühren wir mit dem Schneebesen oder mit der Gabel alle Zutaten gut miteinander – fertig ist die Senf-Dipsoße!

Und damit unser »Menü« komplett wird, nun noch der Salat:

Bunter Bohnensalat

Zutaten (6–8 Portionen)
1/1-Dose weiße Bohnen
1/1-Dose grüne Bohnen (Schnittbohnen)

Für die Salatsoße:
1/2 Tasse Tomatenketchup
3 Eßlöffel Essig
3 Eßlöffel Öl
1 Zwiebel
1/2 Teelöffel Salz
1 Messerspitze Pfeffer

Zubehör
1 Salatschüssel
1 Salatbesteck
1 Eßlöffel
1 Teelöffel
1 Messer
1 Dosenöffner und
1 Sieb für die Bohnen

Wir schälen die Zwiebel und schneiden sie in kleine Würfel; dann vermengen wir Tomatenketchup, Essig, Öl, Salz, Pfeffer und die Zwiebelwürfel in der Salatschüssel. Die Soße stellen wir zum Durchziehen beiseite. Nun öffnen wir die beiden Dosen, schütten die Bohnen in ein Sieb und lassen sie abtropfen. Die abgetropften Bohnen mengen wir sorgfältig unter die Salatsoße und schmecken den Salat ab. Jetzt können wir auftragen.

Und sagt den Seeräubern, sie sollen ihre Steaks am Stiel nicht so hastig hinunterschlingen, weil sie sich sonst mit den Zahnstochern in die Zunge stechen.

Feiner Kartoffelsalat mit Leberkäs

Zutaten (6 Portionen oder je nach Appetit)
1 kg Salatkartoffeln (das sind die, die beim Kochen nicht mehlig werden)
1 Zwiebel
1 saurer Apfel
2 Gewürzgurken

Salatsoße aus:
4 Eßlöffel Essig
6 Eßlöffel Öl oder ein Beutel Salatmayonnaise
½ Teelöffel Salz
½ Teelöffel Senf
1 Messerspitze Pfeffer
¼ Liter Fleischbrühe aus einem halben Brühwürfel

Zubehör
1 Topf für die Kartoffeln
1 Schüssel
1 Salatbesteck
1 kleine Schüssel
1 Topf mit Stiel (auch Kasserolle genannt)
1 Küchenbrett
1 Küchenmesser
1 Tasse
1 Eßlöffel
1 Teelöffel
1 Küchenschere
1 Gabel

Wir bereiten zuerst den Kartoffelsalat zu, weil der Leberkäs sonst kalt wird, bevor der Kartoffelsalat fertig ist.

Die Kartoffeln waschen wir und lassen sie im Kartoffeltopf mit etwa ½ Liter Wasser bei starker Hitze zum Kochen kommen. Dann schalten wir auf schwache Hitze um und lassen die Kartoffeln noch etwa 20 Minuten kochen.

Inzwischen bringen wir im Stieltopf ¼ Liter Wasser zum Kochen und lösen darin den Brühwürfel auf. Die Brühe stellen wir warm. Dann verquirlen wir in der kleinen Schüssel Essig und Öl, fügen Senf, Salz und Pfeffer hinzu und vermischen alles gut miteinander. Wer lieber eine dicke Salatsoße mag, nimmt anstelle von Essig und Öl einen Beutel Salatmayonnaise. Wenn die Kartoffeln fertig sind, nehmen wir sie vom Herd, gießen das Wasser ab (Vorsicht Dampf!) und lassen sie so lange abkühlen, bis wir sie bequem schälen können, ohne uns die Finger zu verbrennen. Die geschälten Kartoffeln schneiden wir in etwa 1 cm dicke Scheiben gleich in die Salatschüssel und gießen die Fleischbrühe darüber. Die Brühe soll noch heiß sein. Dann decken wir die Schüssel zu und lassen die Kartoffeln gut durchziehen.

Nun schälen und halbieren wir eine Zwiebel und schneiden sie in kleine Würfel, die Gewürzgurken in dünne Scheibchen und den geschälten geviertelten Apfel in Blättchen. Zwiebel, Gurken und Apfel rühren wir unter die Salatsoße. Jetzt gießen wir die Salatsoße über die Kartoffelscheiben, schneiden die Petersilie darüber und vermengen alles gründlich und vorsichtig miteinander. Den fertigen Kartoffelsalat lassen wir mindestens eine halbe Stunde durchziehen.

Wer mag, kann den Salat noch mit Petersiliensträußchen, geviertelten Tomaten und Gewürzgürkchen verzieren.

Den warmen Leberkäs, den wir zum Kartoffelsalat servieren, kaufen wir beim Metzger, für jeden etwa 100 Gramm. Auf dem Land gibt es ihn meistens am Dienstag oder Freitag, in der Stadt jeden Tag. Oder Ihr holt Euch vom Metzger fertiges Leberkäsbrät (so nennt man den Leberkästeig) in Aluformen, die Ihr nur noch in den Ofen zu schieben und bei 220 Grad oder Gasherd Stufe 4 etwa 80 Minuten lang zu backen braucht, während der Kartoffelsalat durchzieht.

Karneval ist eigentlich ein italienisches Wort, das Deutsche und Franzosen im 14. Jahrhundert von den Venezianern übernommen haben. Warum sollte da nicht ein Gericht dazu passen, das ebenfalls aus Italien zu uns kam und heute von Kindern und Erwachsenen gleich gern gegessen wird?!

Maxi-Pizza

Zutaten (8 bis 10 Portionen)
1 große Packung Toastbrot
Butter zum Bestreichen
2 1/1-Dosen Schältomaten
1/2 Teelöffel Salz
1/2 Teelöffel Pfeffer
1 Messerspitze Zucker
1 Teelöffel Oregano
750 g magerer, geräucherter Schinkenspeck in dünnen Scheiben
400 g geriebener Emmentaler
1 Tütchen Parmesankäse
3 Eßlöffel Öl zum Beträufeln
Fett für die Pfanne

Zubehör
1 Fettpfanne (das ist das tiefe Blech aus dem Herd)
1 Fettpinsel
1 Messer
1 Dosenöffner
1 Sieb
1 Schüssel für die Tomaten

Zuerst einmal ölen wir die Fettpfanne leicht ein. Schaut jemand zu, der nichts zu tun hat? Gut, der kann gleich soviel Scheiben Toastbrot dünn mit Butter bestreichen, wie zum Auslegen der Fettpfanne gebraucht werden. Auf die Toastbrote schichten wir dann die dünnen Schinkenspeckscheiben.

Jetzt heizen wir den Backofen vor, 250 Grad Elektroherd, Stufe 5 Gasherd.

Die Schältomaten aus den Dosen lassen wir in einem Sieb abtropfen, geben sie in die Schüssel und würzen sie mit Salz, Pfeffer, Zucker und Oregano. Dann verteilen wir die gewürzten Tomaten gleichmäßig auf den Speck. Zum Schluß überstreuen wir alles dick mit dem geriebenen Käse und dem Parmesan obenauf. Bevor wir die Pizza in den heißen Ofen schieben, überträufeln wir sie noch mit etwa 3 Eßlöffel Öl. Die Pizza muß auf der mittleren Schiene etwa 20 bis 30 Minuten backen.

Nach dem Backen schneiden wir unsere Maxi-Pizza gleich in Stücke und servieren sie heiß mit einer großen Schüssel Salat.

Müssen Eure Gäste schon bald nach Hause? Wie wär's mit etwas Süßem – als Abschluß und Betthupferl?

Tutti frutti

(Vanillepudding mit Fruchtcocktail)

Zutaten (4–6 Portionen)
½ Liter Milch
2 gehäufte Eßlöffel Zucker
1 Prise Salz
1 Puddingpulver Vanille-Geschmack
1 Dose Fruchtcocktail
1 kleine Packung guter Butterkekse oder
100 g Kuchen- oder Gebäckreste
Schokostreusel

Zubehör
1 Topf mit Stiel (auch Kasserolle genannt)
1 Schneebesen
1 Tasse für das Puddingpulver
1 Sieb
1 Schüssel für die Früchte
1 Puddingschüssel
1 Eßlöffel

Wir nehmen von der Milch etwa 5 Eßlöffel und rühren damit in der Tasse das Puddingpulver zu einer glatten Soße an. Den Rest der Milch bringen wir mit dem Zucker und einer Prise Salz im Stieltopf zum Kochen. Sobald die Milch kocht, nehmen wir sie vom Herd und gießen unter kräftigem Rühren die Puddingpulversoße in die heiße Milch. Wir lassen den Pudding einmal aufkochen und stellen ihn auf die Seite.

Jetzt öffnen wir die Dose mit dem Obst und lassen die Früchte im Sieb über einer Schüssel abtropfen. Das abgetropfte Obst füllen wir in die Glasschüssel, zerbröseln die Kekse oder die Kuchenreste darüber und feuchten sie mit etwas Obstsaft an. Den Rest des Obstsaftes darf die größte Naschkatze austrinken.

Auf Obst und Kuchenbrösel füllen wir den Vanillepudding. Wir lassen den Tutti-frutti-Pudding abkühlen und bestreuen ihn vor dem Servieren mit Schokoladenstreusel.

Auch das schönste Faschingsfest geht einmal zu Ende. Seid nicht traurig darüber. Der Fasching kommt wieder. Und es gibt noch so viele andere Feste. Man muß nicht unbedingt ein Prinz oder ein Torero sein, ein Kostüm oder eine Maske tragen, um sich freuen zu können. Wer sich darüber freut, daß er »er selbst« ist, hat auch während des Jahres viel zu lachen.

Seht, da haben wir schon wieder ein Fest, wieder einen Grund zur Freude und zum Feiern:

Den Jahrestag des Ereignisses, bei dem wir zum ersten Mal »wir selbst« geworden sind, unseren Geburtstag. Dazu laden wir uns eine Kindergeburtstagsgesellschaft ein. Mit Freunden freut sich's besser als allein. Das gilt selbst für die Geburtstagstorte: Geteilte Torte ist zwar halbe Torte, aber der Spaß ist doppelt so groß.

Wenn ich Geburtstag hab' ...

Nun gibt es ja außer uns noch andere Leute, von denen dann und wann jemand Geburtstag hat. Manche Gerichte, die wir Euch aufgeschrieben haben, eignen sich nicht nur zum Selberessen, sondern auch als Geschenk. Dazu gehört zum Beispiel der

Schokoladen-Igel

Zutaten

etwa 30 Löffelbiskuits
etwa 1/4 Liter Milch
1 Päckchen Schokoladenpudding »ohne kochen«
noch 1/4 Liter Milch
250 g weiche Butter
250 g Zucker
4 Riegel Milchschokolade
4 Eßlöffel Aprikosenmarmelade
100 g abgezogene gestiftelte Mandeln (gibt's fertig im Tütchen)
3 Haselnußkerne für Igelaugen und Schnauze
1 Teelöffel Instant-Kakao

Zubehör

1 große Schüssel
1 Schneebesen
1 Topf mit Stiel (auch Kasserolle ganannt)
1 kleine Schüssel
1 Messer
1 Tortenplatte

Etwa 2–3 Stunden, ehe wir mit der Zubereitung des Geburtstags-Igels beginnen, nehmen wir die Butter aus dem Kühlschrank und legen sie zum Weichwerden in die Rührschüssel. Die Rührschüssel decken wir zu. Wenn die Butter weich ist, kann's losgehen: Aus dem Schokoladenpuddingpulver »ohne kochen« bereiten wir mit ¼ Liter Milch eine feste Schokoladenkrem, die wir zur Butter geben. Dazu schütten wir noch den Zucker. Die 4 Riegel Milchschokolade lassen wir im Stieltopf bei ganz schwacher Hitze langsam zergehen. Sobald die Schokolade geschmolzen ist, schütten wir sie zu den anderen Zutaten und verrühren alles mit dem Schneebesen zu einer glatten Krem. Von der Krem geben wir ein Drittel in eine kleine Schüssel, die restlichen zwei Drittel lassen wir in der großen. Beide Schüsseln stellen wir in den Kühlschrank.

Sicher wißt Ihr ungefähr, wie ein Igel aussieht! Gut, jetzt formen wir einen: dazu brauchen wir die beiden Schüsseln mit der kalten Schokoladenkrem, die Löffelbiskuits, die Milch, die Aprikosenmarmelade und die Tortenplatte. Die Biskuits tauchen wir in die Milch, bestreichen sie dünn mit der Marmelade und

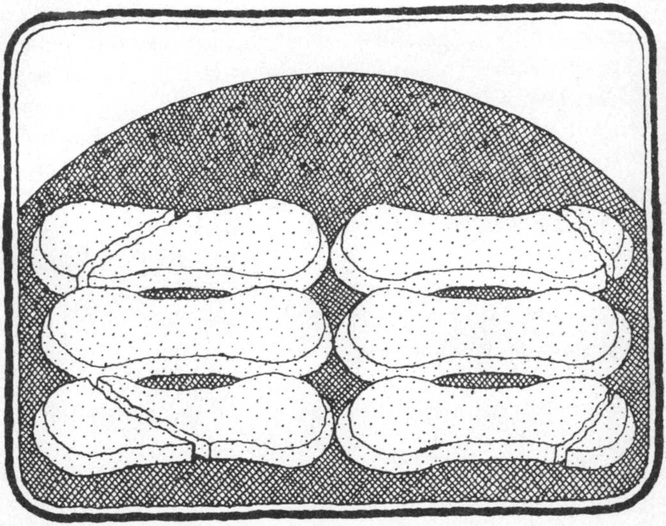

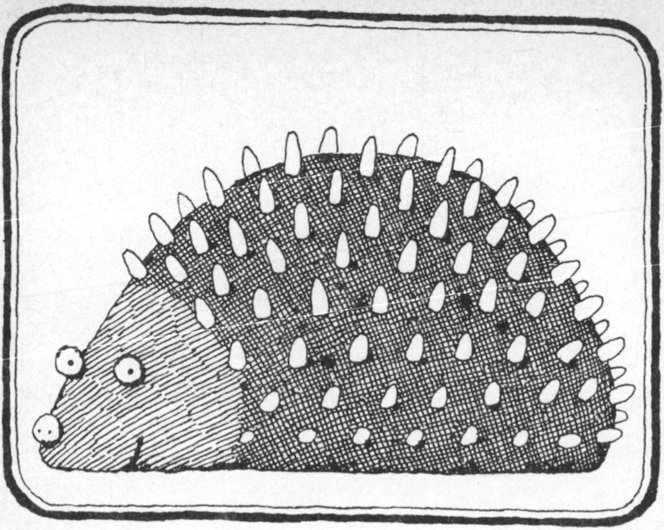

legen sie so auf die Tortenplatte, daß der Grundriß eines Igels entsteht.

Über diese erste Schicht streichen wir Schokoladenkrem aus der großen Schüssel; legen die nächste Schicht in Milch getauchter, marmeladebestrichener Löffelbiskuits darüber, die wir wieder mit Schokoladenkrem aus der großen Schüssel bestreichen. So machen wir weiter, bis unser Gebilde ungefähr die Form eines Igels hat. Dann nehmen wir das scharfe Messer und »schnitzen« unseren Biskuitberg so zurecht, daß man einen Igel erkennt. Zum Schluß bestreichen wir den Igel mit dem restlichen Drittel Schokoladenkrem aus der kleinen Schüssel. Den Kopf (Ihr wißt ja, dort hat der Igel keine Stacheln) bestreuen wir mit Kakaopulver; ein Haselnußkern wird das Schnäuzchen, die beiden anderen die Augen. Nun spicken wir noch den Rücken, Seiten- und Hinterteil unseres Schokoladen-Igels mit Mandelstiften. Je mehr Mandelstifte wir nehmen, um so stacheliger und um so hübscher wird er.

Einem Schokoladen-Igel wird es leicht zu warm, deswegen muß er kühl stehen, bis er gegessen wird.

Wer ihn verschenken will, packt ihn kurz vor dem Weggehen in eine passende Schachtel und bindet eine große, große Schleife herum.

Wenn unser nächstes Rezept »Geburtstagswürstchen« heißt, dann meinen wir damit natürlich nicht den kleinen Jochen, selbst wenn er übermorgen Geburtstag hat und zehn Jahre alt wird. Diese Wunderwürstchen sind eine leckere Überraschung, ganz gleich, ob Ihr sie am Anfang oder am Ende Eurer Geburtstagseinladung serviert:

Geburtstagswürstchen

Zutaten (4 Portionen)
4 Schweinswürstchen
1/2 Eßlöffel Senf
60 g Schnittkäse
4 dünne Scheiben Räucherspeck
je Würstchen eine Prise Salz und Pfeffer

Zubehör
1 großes Küchenbrett
1 scharfes Küchenmesser
4 Holzzahnstocher
1 Blatt Alufolie

Zuerst heizen wir den Backofen vor: Elektroherd 190–200 Grad, Gasherd Stufe 3.

Die Würstchen schneiden wir der Länge nach so weit auseinander, daß sie an einem Ende noch gut zusammenhängen. Die Schnittflächen bestreichen wir mit Senf. Aus dem Käse schneiden wir Streifen so lang und so breit wie die Würstchen, stecken sie zwischen die Wursthälften und klappen die beiden Wursthälften zusammen. Dann würzen wir jedes Würstchen außen herum mit ein wenig Salz und Pfeffer, wickeln es in eine Räucherspeckscheibe und spießen quer durch Speck und Würstchen einen Zahnstocher. Nun legen wir die Würstchen auf ein Backblech, decken sie mit der Alufolie zu und schieben sie (Einschubhöhe Mitte) in den heißen Ofen. Dort müssen sie etwa 30 Minuten lang braten. Die knusprig gebratenen Würstchen servieren wir auf lustigen bunten Papptellern mit frischem Senf.

Dazu gibt's Fruchtsäfte oder Zitronentee.

Wenn Ihr im Sommer Geburtstag habt, dann müßten eigentlich im Wald die hübschen aber giftigen Fliegenpilze wachsen.

Unsere ganz besonderen Fliegenpilze wachsen auf einer Salatwiese, sind ebenso hübsch wie die echten und haben den großen Vorteil, daß man sie essen kann, ohne Bauchweh zu bekommen.

Fliegenpilze

Zutaten
8 feste mittelgroße Tomaten
1/2 Teelöffel Salz und Pfeffer
2 Essiggurken
125 g Fleischsalat vom Metzger oder aus dem Lebensmittelladen
60 g gekochter Schinken
2 Eßlöffel Speisequark
1 Eßlöffel Remoulade
etwas Salz und Pfeffer
1 Kopfsalat
1 Tube Remoulade zum Verzieren

Zubehör
1 Küchenbrett
1 scharfes Küchenmesser
1 Teelöffel
1 Schüssel für die Füllung

Die Tomaten waschen wir gründlich und schneiden oben – der Stiel sitzt unten – einen dünnen Deckel ab. Den Deckel brauchen wir noch. Dann höhlen wir die Tomaten vorsichtig mit dem Teelöffel aus und geben das Innere in eine Schüssel. Den überschüssigen Tomatensaft gießen wir vom Tomatenfleisch ab. Wer mag, kann ihn trinken. Die 8 Tomaten würzen wir innen mit wenig Salz und Pfeffer. Nun schneiden wir den Schinken und die Essiggürkchen klein und geben sie zusammen mit dem Quark, der Remoulade und dem Fleischsalat zum Tomatenfleisch in die Schüssel. Wir mischen alles gut mit einer Gabel, geben je nach Geschmack noch etwas Salz und Pfeffer zu und füllen nun die ausgehöhlten Tomaten sauber mit dieser Mischung. Oben drauf setzen wir die Tomatendeckel, die wir mit Tupfern aus der Remouladentube wie einen Fliegenpilz verzieren.

Vom Kopfsalat lösen wir die großen grünen Blätter, waschen sie kurz, lassen sie abtropfen und legen sie auf eine Platte. Darauf setzen wir die Fliegenpilze.

Auf dieser Wiese werden die Fliegenpilze wohl nicht lange warten müssen, bis einer kommt, der sie pflückt.

Wenn wir ein Fest feiern, möchten wir auch eine festliche Tafel. Blümchen in kleinen Vasen, Kerzen, bunte Papier-Servietten, Schüsselchen mit Süßigkeiten bringen Farbe und Fröhlichkeit auf den Tisch. Ein besonderes Naschvergnügen ist die

Lustige Partykugel

Zutaten
1 Pampelmuse oder
1 kleiner Weiß- oder
Blaukrautkopf (Rotkohl)

Zum »Spicken«:
Käsewürfel
Salamischeiben
Oliven
Gürkchen
blaue und grüne Trauben
Mandarinen- und
Ananasstückchen (Dose)
Geleefrüchte
Backobst usw.
(nach Lust und Laune darf ruhig
auch das eine oder andere fehlen)

Zubehör
1 großes Küchenbrett
1 Messer
1 Beutel kleine bunte
Spießchen oder Zahnstocher

Diese bunte Kugel sieht nicht nur als Zierde auf dem festlich gedeckten Tisch sehr hübsch aus, sondern läßt sich auch anknabbern – oder besser: abspicken.

Die »Zubereitung« ist kinderleicht: Wir schneiden ein Stück Käse in Würfel, drehen aus Salamischeiben Hütchen zusammen und stecken alle angegebenen Zutaten auf bunte Spießchen. Je nach Jahreszeit und Phantasie fallen Euch bestimmt noch eine Menge anderer Leckerbissen ein, die man aufspießen kann. Zum Schluß stecken wir in bunter Folge alle Häppchen dicht nebeneinander in eine Pampelmuse oder in einen kleinen Weiß- oder Rotkohlkopf, den man unten so abschneidet, daß er stehen kann.

Es gibt Kinder, die merken erst an dem Blumenstrauß, den Vater auf den Frühstückstisch gestellt hat, daß Mutter heute Geburtstag hat. Mütter haben nämlich auch Geburtstag. Habt Ihr etwa vergessen, ein Geschenk zu besorgen? Das ist nicht so schlimm; wir backen ihr nach der Schule schnell noch etwas ganz Hübsches. Vielleicht freut sie sich mehr darüber als über ein gekauftes Geschenk.

Biskuitrolle

Zutaten
3 Eier
3 Eßlöffel kaltes Wasser
150 g Zucker
1 Päckchen Vanillezucker
60 g Mehl
60 g Speisestärke (Gustin oder Mondamin)
1 gestrichener Teelöffel Backpulver
1 kleines Glas Himbeer- oder Erdbeermarmelade
Puderzucker
Fett für das Blech

Zubehör
1 hohe Schüssel für den Teig
1 Handrührgerät
1 Schneebesen
1 Meßbecher
1 Backblech
1 großer Bogen Pergamentpapier
1 Fettpinsel
1 Tafelmesser
1 kleines Sieb

Zuerst heizen wir den Backofen vor: Elektroherd 200–220 Grad, Gasherd Stufe 3–4.

Nun richten wir das Blech her: Wir fetten es dünn ein, legen es

mit dem Pergamentpapier aus, das wir ebenfalls einfetten. Dann knicken wir an den Rändern das Pergamentpapier hoch, damit der Teig nicht auslaufen kann. Jetzt kommt der Biskuitteig an die Reihe: Die Eier schlagen wir in die Schüssel, geben 3 Eßlöffel kaltes Wasser dazu und verquirlen das Ganze mit dem Handrührgerät zu einer dicklichen Krem. Dann lassen wir Zucker und Vanillezucker in die Krem einrieseln und rühren noch etwa 2 Minuten kräftig weiter. Nun mischen wir das Mehl, die Speisestärke und das Backpulver trocken miteinander und kippen die Mischung auf die Eierkrem. Mit dem Schneebesen rühren wir alles vorsichtig glatt. Dann wird der Biskuitteig gleichmäßig auf dem Backblech verteilt und kommt in den heißen Ofen. Dort muß er bei Einschubhöhe Mitte etwa 13–15 Minuten backen.

Sobald der Teig fertig ist, müßt Ihr ganz flink arbeiten; wenn

Biskuitteig zu sehr abkühlt, läßt er sich nämlich nicht mehr rollen. (Das passiert auch, wenn Ihr den Biskuitteig zu lange backt.)

Auf Kuchen und Blech legen wir ein sauberes Geschirrtuch und stellen das Ganze auf den Kopf. Nun liegt der Biskuitteig auf dem Geschirrtuch (hoffentlich nicht auf dem Boden). Das Pergamentpapier befeuchten wir mit kaltem Wasser – dazu nehmen wir einen Pinsel – und ziehen es schnell, aber vorsichtig ab. Mit dem Tafelmesser wird nun die Marmelade gleichmäßig auf der Teigplatte verstrichen. Jetzt heben wir das Küchentuch an der Schmalseite des Teigrechteckes etwas an und wickeln aus unserer Biskuitplatte eine Rolle. Die Rolle legen wir auf eine Kuchenplatte und übersieben sie nach dem Abkühlen mit Puderzucker. Abkühlen ist wichtig, sonst wird der Puderzucker braun!

Sicher läßt Euch Mutter von »ihrer« Biskuitrolle auch ein Stück versuchen – aber laßt Ihr auch noch etwas übrig.

Wer seine Freunde – gleich zu welchem Fest, es muß nicht immer Geburtstag sein – mit etwas Besonderem überraschen will, der empfängt sie mit

Eisbonbons

Zutaten
3 Orangen
2 Zitronen
etwas Wasser
2 Eßlöffel Puderzucker

Zubehör
1 Zitronenpresse
1 Küchenmesser
1 Rührlöffel
1 bis 2 Eiswürfelbehälter
1 Litermaß
bunte Spießchen
1 Schüssel

Wir pressen den Saft aus Orangen und Zitronen, gießen ihn in ein Litermaß und füllen, wenn nötig, mit Wasser auf $^1/_4$ Liter Flüssigkeit auf. Jetzt schütten wir den Puderzucker dazu und rühren so lange um, bis er aufgelöst ist. Dann füllen wir den Saft in ein bis zwei Eiswürfelbehälter aus dem Kühlschrank. Die Behälter stellen wir in das Gefrierfach des Kühlschranks und lassen den Saft dort anfrieren. Dann stecken wir in jeden Eiswürfel ein buntes Plastikspießchen, schalten den Kühlschrank auf starke Kälte um und lassen die Eisbonbons fest gefrieren. Wenn unsere Gäste da sind, nehmen wir die Eiswürfelbehälter aus dem Kühlschrank und stellen sie kurz in heißes Wasser, damit sich die Bonbons lösen. Dann füllen wir alle Bonbons in eine Glasschüssel und reichen sie gleich herum, damit sie nicht vor dem Lutschen in der Schüssel zerschmelzen.

(Vergeßt bitte nicht, den Kühlschrank wieder auf normale Leistung zurückzuschalten.)

Es ist ganz gut, daß nicht jeder Tag gleich aussieht, nicht wahr? Auf den Frühling folgt der Sommer, auf den Festtag der Alltag, auf den Geburtstag ein neues Lebensjahr. Und wenn uns die Schule manchmal sauer wird, dann denken wir an den Vers, den vor fast 200 Jahren schon der alte Herr Geheimrat Johann Wolfgang von Goethe geschrieben hat, und der heute noch gilt:

»Tages Arbeit, abends Gäste, saure Wochen, frohe Feste.«

6

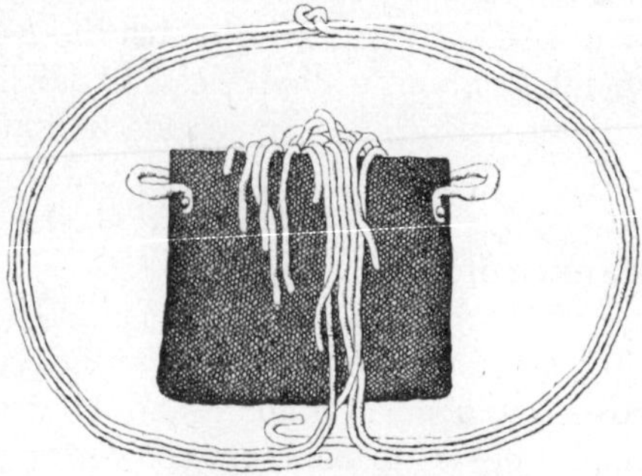

Ich ess' so gerne Nudeln . . .

Als Eure Urgroßmütter noch junge Mädchen waren und es hierzulande noch eine ganze Menge echter Könige und Königinnen gab, da kannte man auch schon die »Nudeln«. Aber diese Nudeln sahen ganz anders aus als die, von denen in unseren Rezepten die Rede ist. Sie waren nicht dünn und lang, sondern dick und kugelrund, eher wie Knödel, und wurden schwimmend in heißem Schmalz gebacken. (Erinnert Ihr Euch an den Vers vom »spannenlangen Hansel« und der »nudeldicken Dirn«?)

Ja, und wenn die Köchin zu viele Nudeln gebacken hatte und welche übriggeblieben waren, nahm sie ein scharfes Messer, schnitt die Nudeln in dünne, lange Streifen und reichte sie als Beilage zu Fleischsuppe.

Was lag näher, als nach diesen dünnen »geschnittenen« Nudeln auch die anderen dünnen, langen Teigwaren zu benennen, die aus Italien zu uns gekommen waren: Spaghetti und Makkaroni. Zu all diesen und ähnlichen Dingen aus Teig sagen wir heute Nudeln; zu

Fadennudeln, Glasnudeln, Bandnudeln, Hörnchen, Spiralen, Eiermuscheln, Zöpfchen und vielen anderen. Sie alle eignen sich nicht nur als Beilagen für Suppen und Soßen; ein Koch mit Köpfchen kann aus Nudeln die überraschendsten Gerichte zaubern! Wollen wir's probieren? Dann guten Appetit, laßt sie Euch schmecken, alle die Nudeln.

Wer aber gar nicht mehr aufhört, Nudeln zu essen, wird selber eine!

Nudel-Tortillas

Zutaten (4 Portionen)
5 Eier
80 g geriebener Emmentaler Käse
1/3 Teelöffel Salz
1 Messerspitze Pfeffer
200 g Spaghetti (oder 3 Tassen gekochte Spaghetti)
2 Liter Wasser
1 Teelöffel Salz
100 g Speckscheiben
1 Bund Schnittlauch

Zubehör
1 flacher Topf für die Spaghetti
1 Seiher (auch Durchschlag genannt)
2 Wender (auch Bratschaufeln genannt)
1 hohe Schüssel für die Nudelmasse
1 Schneebesen
1 Küchenbrett
1 Messer
1 große Pfanne
1 Küchenschere für den Schnittlauch

Tortillas sind eigentlich auf beiden Seiten gebackene Küchlein aus Maismehlmasse und kommen aus Mexiko.

Wir haben das Rezept für Euch abgewandelt: unsere Tortillas machen wir aus Nudeln, das geht einfacher und schneller. Trotzdem schmecken auch die Nudel-Tortillas ganz hervorragend.

Wir kochen zuerst die Spaghetti: Das Wasser füllen wir in einen flachen Topf, salzen es und bringen es bei starker Hitze zum Kochen. Die Spaghetti legen wir ins kochende Wasser und rühren einmal um. Der Topf bleibt einen Spalt offen, damit das Wasser nicht überschäumt. Wir schalten auf Mittelhitze zurück und lassen die Spaghetti garziehen. Die Spaghetti sind gar, wenn sie weich sind, aber noch einen festen Kern haben. Das dauert etwa 10–15 Minuten. Die fertigen Nudeln schütten wir in einen Seiher, brausen sie kalt ab – sie sollen nicht zusammenkleben – und lassen sie über einer Schüssel abtropfen.

Nun schlagen wir 5 Eier in eine hohe Schüssel und fügen den geriebenen Käse, das Salz und den Pfeffer hinzu. Die abgekühlten und abgetropften Spaghetti schneiden wir auf dem Brettchen in etwa 1 cm lange Stücke und vermengen sie mit dem Eier-, Salz- und Pfeffergemisch.

Dann schneiden wir die Speckscheiben in kleine Würfel. In eine große Pfanne geben wir 8 Teelöffel Speckwürfelchen und lassen sie bei guter Mittelhitze so lange braten, bis das Fett flüssig und die Würfelchen durchsichtig geworden sind. Köche sagen dazu: wir lassen den Speck aus. Jetzt setzen wir 4 Tortillas gleichmäßig auf den Speck in der Pfanne. Das machen wir so: für jede Tortilla nehmen wir zwei Eßlöffel Nudelmasse, geben sie übereinander in die Pfanne und streichen sie mit dem Löffel glatt. Die Tortillas sollen etwa 1 bis 1½ cm dick sein; wir braten sie auf beiden Seiten goldbraun. Auf einer warmgestellten Platte richten wir die fertigen Tortillas an und bestreuen sie vor dem Servieren kräftig mit kleingeschnittenem frischen Schnittlauch (nicht vergessen, den Schnittlauch abzuwaschen).

In Mexiko ißt man Tortillas mit Salat.

Spaghetti mit Zitrone

Zutaten (6 Portionen)
400 g Spaghetti
3 Liter Wasser
2 Teelöffel Salz
die abgeriebene Schale und den Saft von einer ungespritzten Zitrone
125 g Butter
50 g Semmelbrösel
1/1 Dose geschälte Tomaten
1 Bund krause Petersilie

Zubehör
1 großer, flacher Topf zum Nudelkochen
1 Wender (auch Bratschaufel genannt)
1 Seiher (auch Durchschlag genannt)
1 Zitronenreibe
1 Zitronenpresse
1 Pfännchen für die Semmelbrösel
1 Dosenöffner
1 Topf mit Stiel (Kasserolle) für die Tomaten
1 Messer oder eine Küchenschere

Zitronenmilch, Zitronenlimonade, Zitroneneis, Zitronengelee, ja – aber saure Nudeln mit Zitrone?

Man soll keine Angst haben vor neuen und ungewöhnlichen Dingen, ganz bestimmt nicht vor neuen ungewöhnlichen Rezepten. Wir haben Euch die Zutaten für 6 Portionen aufgeschrieben, damit Eure Freunde und Freundinnen auch einmal ein Gericht kennenlernen können, das »ganz anders« schmeckt: Also, fangen wir gleich an:

Wir kochen die Spaghetti genauso, wie es im Rezept für die Nudel-Tortillas beschrieben ist. Während die Nudeln langsam garziehen, waschen wir eine ungespritzte Zitrone, trocknen sie und reiben die Schale mit einer Zitronenreibe ab. Dann pressen wir den Saft aus der abgeriebenen Zitrone.

Die fertiggekochten Nudeln brausen wir kalt ab, vermengen sie mit der abgeriebenen Zitronenschale und dem Zitronensaft und stellen das Ganze warm. Nun zerlassen wir die Butter in einem Pfännchen, erwärmen sie bei Mittelhitze und lassen darin die Semmelbrösel so lange brutzeln, bis sie goldbraun sind. Die

Tomaten aus der Dose füllen wir in einen Topf und lassen sie bei Mittelhitze heiß werden. Zum Anrichten gießen wir die zerlassene Butter mit den Semmelbröseln über die Nudeln, dann fischen wir aus dem Tomatentopf mit einem Löffel die ganzen Tomaten und garnieren die Nudeln damit.

Zum Schluß schneiden wir mit dem Messer oder der Küchenschere die Petersilie und streuen sie über Nudeln und Tomaten.

Die Tomatensoße aus dem Topf füllen wir in ein Schüsselchen und servieren sie mit dem Hauptgericht.

Na, wie schmecken Spaghetti mit Zitrone?

Nudelauflauf mit Porree

Zutaten (4 Portionen)
250 g Spaghetti
1 Teelöffel Salz
2 Liter Wasser
1 Paket Rahmporree, tiefgekühlt
3 Eßlöffel Dosenmilch oder Sahne
3 Eßlöffel Weißwein
250 g rohe Bratwurst
125 g geriebener Käse (z. B. Emmentaler)
2 Eßlöffel Margarine
etwas Fett für die Form

Zubehör
1 flacher Topf für die Spaghetti
1 Seiher (auch Durchschlag genannt)
1 Topf mit Stiel (Kasserolle) für den Porree
1 Wender (auch Bratschaufel genannt)
1 Küchenmesser
1 feuerfeste Form
1 Teller

Wie man Spaghetti kocht, wissen wir schon (oder wir sehen nochmal nach bei »Nudel-Tortillas«, Seite 89). Während die Nudeln garziehen, bereiten wir in der Kasserolle den Rahmporree nach der Anweisung auf der Packung. Wir rühren das Gemüse ab und zu mit dem Wender um, damit es sich nicht am Topfboden festsetzt und anbrennt. Das fertige Gemüse schmecken wir mit Dosenmilch oder Sahne und Weißwein ab. Jetzt schneiden wir die

Bratwurst an einem Zipfel auf und drücken den Inhalt auf einen Teller.

Dann wird der Backofen vorgeheizt: Elektroherd 175 Grad, Gasherd Stellung 3. Während der Backofen vorheizt, fetten wir eine Auflaufform mit Margarine aus und füllen sie abwechselnd mit einer Schicht Nudeln, geriebenem Käse, Rahmporree und Wurststückchen. Die oberste Schicht sollen Nudeln sein. Ehe wir den Auflauf in den Backofen schieben (Einschubhöhe Mitte), verteilen wir noch zwei Eßlöffel Margarineflöckchen auf den Nudeln. Wir backen den Auflauf etwa 45 Minuten und servieren ihn dann heiß in der Auflaufform.

Nudelpfanne

Zutaten (4 Portionen)
250 g Hörnchen oder Bandnudeln
2 Liter Wasser
1 Teelöffel Salz
3 Eier
1 Messerspitze Salz
1 kleine Dose Erbsen oder 150 g Erbsen tiefgekühlt
1 Eßlöffel Margarine

Zubehör
1 Topf für die Nudeln
1 Seiher (auch Durchschlag genannt)
1 Tasse
1 Dosenöffner
1 Sieb
1 Pfanne mit Deckel

Wir kochen die Hörnchen oder die Bandnudeln ganz genauso wie Spaghetti (siehe Rezept »Nudel-Tortillas«, Seite 89).

Während die Nudeln langsam vor sich hinkochen, öffnen wir die Dose mit den Erbsen und schütten sie in ein Sieb zum Abtropfen. Dann zerlassen wir in der Pfanne bei Mittelhitze die Margarine. Darin dünsten wir die Erbsen etwa 5 Minuten lang (tiefgekühlte Erbsen brauchen etwa 10 Minuten). Wenn die Erbsen weich sind, geben wir die Nudeln dazu und lassen alles zusammen heiß werden.

Jetzt schlagen wir die drei Eier in eine Tasse, fügen das Salz hinzu und verquirlen sie mit einer Gabel. Die verquirlten Eier rühren wir mit der Gabel unter die Nudeln und Erbsen in der Pfanne und lassen das Gericht zugedeckt bei schwacher Hitze noch etwa 5 Minuten auf dem Herd stehen, bis die Eier festgeworden (gestockt) sind.

In einer großen Schüssel richten wir die »Nudelpfanne« an. Zu diesem Gericht schmeckt frischer Grüner Salat ausgezeichnet. Aber auch Tomatenketchup paßt gut dazu.

7

... und Pfannekuchen auch

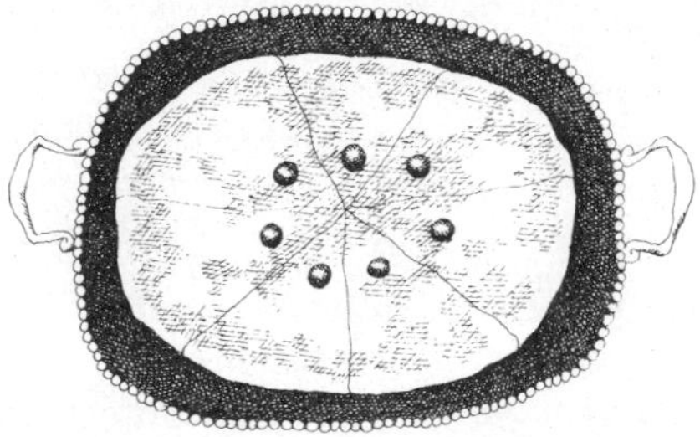

Pfannkuchen sind ein Gericht für einfallsreiche Köche und für Anfänger, für Gourmets und Gourmands. (Das sind zwei französische Wörter, die sogar im Rundfunk und in der Zeitung manchmal verwechselt werden: Gourmet ist der Feinschmecker, der viel von gutem Essen und Trinken versteht und lieber Köstliches von kleinen Tellern speist als aus riesigen Schüsseln mampft. Gourmand – das ist der Vielfraß, der alles in sich hineinstopft, was eßbar ist, nur viel muß es sein.)

Nach allen Regeln der Kochkunst gebackene Pfannkuchen schmecken immer lecker – so wie sie aus der Pfanne kommen oder »veredelt«, mit Marmelade oder mit Spinat, mit Käse oder mit Kräutern, mit Pilzen oder als köstliche Suppenbeilage.

Kein Wunder, wenn da selbst ein Feinschmecker zum Vielfraß wird!

Für alle die köstlichen Pfannkuchengerichte (auch für jene, die Ihr selber erfindet) werden die Pfannkuchen selbst nach dem gleichen Rezept zubereitet und gebacken.

Die in diesem »Grundrezept« angegebenen Mengen reichen für etwa 6 Pfannkuchen.

Pfannkuchen-Grundrezept

Zutaten
250 g Mehl
3 Eier
1/4 Liter Wasser
1/4 Liter Milch
1/2 Teelöffel Salz
Öl zum Backen

Zubehör
1 Teigschüssel oder ein Krug mit weitem Hals
1 Bratpfanne
1 Tasse und ein Löffel für das Öl
1 Kochlöffel
1 großer Wender (auch Bratschaufel genannt)
1 Schöpflöffel

Mehl und Salz geben wir in den Krug oder die Schüssel, schlagen die Eier am Schüsselrand auf und lassen sie ins Mehl gleiten. Wir fügen einen Teil Milch oder Wasser hinzu und rühren das Ganze mit dem Kochlöffel zu einem gleichmäßigen, dicken Teig. Dann schütten wir nach und nach den Rest Milch und Wasser zu und rühren, wenn der Teig dünn genug geworden ist, kräftig mit dem Kochlöffel.

Nun stellen wir uns die Tasse mit dem Öl und dem Teelöffel an den Herd, damit wir sie praktisch zur Hand haben, geben für den ersten Pfannkuchen 2 Teelöffel Öl in die Pfanne, schwenken sie und lassen das Öl bei starker Hitze gut heiß werden. Sobald das Öl heiß genug ist (Fettprobe), schalten wir auf gute Mittelhitze zurück und lassen einen Schöpflöffel voll Pfannkuchenteig in die Pfanne laufen. Dabei kann es ein wenig zischen und spritzen, also aufpassen und nicht erschrecken. Durch Schwenken verteilen wir den Teig gleichmäßig in der Pfanne. Nach etwa 2–3 Minuten – manche Kinder mögen die Pfannkuchen heller, manche knuspriger – ist die erste Seite des Pfannkuchens fertiggebacken. Wer geriebenen Käse, Schnittlauch, Zwiebelwürfel oder kleingeschnittene Salami in seinen Pfannkuchen backen will, muß, während die erste Seite anbäckt, diese Zutaten über den Pfannkuchen streuen.

Nun drehen wir mit dem großen Wender den Pfannkuchen um und backen ihn auch von der anderen Seite goldgelb bis hellbraun. Die fertigen Pfannkuchen stapeln wir auf einem flachen Teller übereinander.

Für Pfannkuchen Nr. 2, 3 und so weiter braucht Ihr nur noch einen Teelöffel Öl.

Also, wie man Pfannkuchen bäckt, wissen wir jetzt. Aber was kann man aus Pfannkuchen alles machen?

Pfannkuchen mit Marmelade gefüllt

Zutaten (2–3 Pfannkuchen)
2 Eier
1 Tasse Mehl
½ Tasse Milch-Wasser-Gemisch
1 Messerspitze Salz
Aprikosenmarmelade
etwa 6 Teelöffel Öl

Wir rühren den Teig an und backen die Pfannkuchen wie im Grundrezept beschrieben. Die fertigen Pfannkuchen legen wir auf einen flachen Teller, verteilen einen Eßlöffel Marmelade auf jeden Pfannkuchen und rollen ihn dann zusammen. Wer es besonders süß mag, kann die Pfannkuchen mit Puderzucker überstäuben.

Wer süß gar nicht mag, bäckt sich

Gefüllte Pfannkuchen mit Fleischsoße

Zutaten (für etwa 6 Pfannkuchen)
250 g Mehl
3 Eier
¼ Liter Wasser
¼ Liter Milch
½ Teelöffel Salz
1 Glas Nudelsoße
1 Paket Rahmspinat, tiefgefroren
½ Teelöffel Salz
1 Messerspitze Muskat

Zubehör
zum Spinatkochen
1 Topf
1 Kochlöffel

Wir lassen den tiefgefrorenen Rahmspinat im zugedeckten Topf bei ganz schwacher Hitze auftauen. In der Zwischenzeit bereiten wir den Teig und backen die Pfannkuchen wie im Grundrezept angegeben. Wenn der Spinat aufgetaut und heiß geworden ist, schmecken wir ihn mit Salz und Muskat ab und lassen ihn bei schwacher Hitze weiterziehen. Dann verteilen wir die Nudelsoße aus dem Glas gleichmäßig auf die Pfannkuchen, verstreichen sie und rollen die Pfannkuchen zusammen. Jeder bekommt einen Schöpflöffel Spinat auf den Teller, darauf einen gefüllten Pfannkuchen – und läßt sich's gut schmecken.

Und zum Schluß noch ein Rezept für

Feine Pfannkuchensuppe

Zutaten (etwa 6 Pfannkuchen)
250 g Mehl
3 Eier
1/4 Liter Wasser
1/4 Liter Milch
1/2 Teelöffel Salz
Öl zum Backen

Für die Füllung:
4 Eßlöffel (etwa 150 g) Kalbsbrat (gibt's beim Metzger)
1 Teelöffel Petersilie

Für die Suppe:
1–1 1/2 Brühwürfel nach Geschmack
1 Liter Wasser

Zubehör
1 großer Topf
1 großes Küchenbrett
1 scharfes Messer

Wie man Pfannkuchen bäckt, wissen wir jetzt schon.

Die fertigen Pfannkuchen bestreichen wir mit Kalbsbrat, streuen getrocknete Petersilie darüber und rollen sie zusammen.

Es schadet nichts, wenn die gerollten Pfannkuchen ein wenig abkühlen. Nun bringen wir das Wasser im Suppentopf bei starker Hitze mit dem Brühwürfel oder der auf dem Glas angegebenen Menge Instantsuppe zum Kochen. Während das Wasser heiß wird, schneiden wir mit dem scharfen Messer die gerollten Pfannkuchen in etwa 5 mm dicke Scheiben. Sobald die Suppe kocht, schalten wir auf schwache Hitze zurück und legen die Pfannkuchenscheiben in die Suppe ein. Darin lassen wir sie etwa 5 Minuten ziehen.

Wem ein wenig mehr Arbeit nicht zuviel ist, der kann die Suppe auch noch raffinierter zubereiten: Die Pfannkuchenscheibchen braten wir kurz in der Pfanne von beiden Seiten bei starker Hitze goldbraun, dann geben wir sie erst bei Tisch mit dem Löffel in die Suppe.

Diese feine Pfannkuchensuppe ist so nahrhaft, daß wir sie ohne weiteres als Hauptgericht servieren können. Vielleicht gibt's als Nachtisch noch Bananen-Schokopudding mit Vanillesoße oder eine Schüssel Kompott.

Wenn Euch gebackene Pfannkuchenscheibchen übrigbleiben: sie schmecken ausgezeichnet heiß oder kalt zu grünem Salat.

8

Spaß am Durst

Der Mensch besteht zu rund drei Vierteln aus Wasser. Alles Wasser, das er durch die Haut und die anderen Körperorgane ausscheidet, muß er wieder nachfüllen: er muß trinken. Und damit der Mensch weiß, wann er trinken muß, gibt die Schaltzentrale – das Gehirn – ein Signal: Durst!

Nicht alles, was man trinken kann, ist gut gegen den echten Durst. Echter Durst ist Wassermangel. Dagegen hilft am allerbesten frisches, klares Wasser. Durst ist also eigentlich etwas ganz anderes als Appetit auf Wein und Bier, oder auf Apfelsaft und Limonade.

Wie Ihr aber sicher wißt, ist der Durst oft gleichzeitig mit dem unwiderstehlichen Appetit auf Limonade, Orangensaft oder Früchtemilch da. So ein Zufall!

Solche Zufälle gibt's zu jeder Tages- und Jahreszeit; für solche Zufälle haben wir die Rezepte in diesem Kapitel zusammengestellt.

Eisgekühlte Früchtemilch

Zutaten (für 3–4 Gläser)
200 g Erdbeeren, Himbeeren, Aprikosen oder Blaubeeren
3 Eßlöffel Zucker
1 Teelöffel Vanillezucker
1 Teelöffel Zitronensaft
1/2 Liter kalte Milch
2 Eier
Eiswürfel
Waffeln

Zubehör
1 hoher Mixbecher
1 Handrührgerät mit Rührbesen
Gläser
Strohhalme

Wir nehmen für unsere Früchtemilch die Obstsorte, die uns am besten schmeckt oder die wir gerade im Hause haben. Natürlich könnt Ihr die Früchtemilch auch mit Obst zubereiten, das nicht angegeben ist. Aber es muß weich sein; hartes Obst wie Stachelbeeren oder Äpfel eignet sich nicht.

Zuerst wird das Obst gut gewaschen, dann entstielt, entsteint oder geschält und mit Zucker, Vanillezucker und Zitronensaft in den Mixbecher gefüllt. Dann nehmen wir das Handrührgerät, stecken die Rührbesen tief in den vollen Becher und schalten dann erst auf höchste Stufe, um das Obst zu zerkleinern. Wenn das Obst püriert ist (zu Mus geworden ist), schalten wir das Rührgerät ab und nehmen es aus dem Becher. Wir gießen die Milch dazu und schlagen die Eier in die Milch. Jetzt vermischen wir mit dem Handrührgerät auf niedriger Schaltstufe Milch, Obst und Eier. Die fertige Früchtemilch richten wir in hohen Gläsern an, in die wir Eiswürfel geben.

Mit Waffeln und Strohhalmen serviert, löscht die köstliche Früchtemilch nicht nur den Durst, sie stillt auch den kleinen Hunger.

Tip: Wer es nicht ganz so gern hat, daß ihm Obst um die Ohren fliegt, schaltet das Handrührgerät grundsätzlich immer erst dann ein, wenn die Rührbesen im Zubereitungsfaß stecken. Das gilt auch für andere Zutaten, die zerkleinert oder püriert werden sollen.

Buttermilch-Mix

Zutaten (für 2–3 Gläser)
½ Liter Buttermilch oder Joghurt
3–4 Eßlöffel Himbeersirup
½ Teelöffel Zitronensaft

Zubehör
1 hoher Mixbecher
1 Handrührgerät mit Rührbesen
Gläser und Joghurtlöffel

Buttermilch-Mix ist etwas für flinke Leute; denn das Getränk darf beim Zubereiten nicht gerinnen. Alle Drinks, zu denen Milch zusammen mit sauren Säften verwendet wird, gerinnen leicht, wenn man nicht aufpaßt oder nicht tüchtig rührt.

Zuerst schütten wir den Zitronensaft in den Becher, dann den Himbeersirup darüber, so daß sich beide Flüssigkeiten möglichst nicht mischen. Zum Schluß füllen wir vorsichtig den Joghurt oder die Buttermilch in den Becher. Eigentlich sollten jetzt alle drei Flüssigkeiten getrennt übereinander stehen. Dann stecken wir das Handrührgerät so tief wie möglich in den Becher und schalten erst jetzt auf höchste Stufe. Wir lassen das Rührgerät so lange laufen, bis alles gründlich gemischt ist. Das dauert etwa 15–20 Sekunden.

Jetzt gießen wir das dickflüssige Getränk in Gläser.

Am besten legt Ihr zu den Gläsern lange Joghurtlöffel auf, damit wir hin und wieder umrühren oder zur Abwechslung auch einmal löffeln können.

»Bowle ohne«

Zutaten (für etwa 8 Gläser)
4 Eßlöffel Zucker
Saft von einer Zitrone
3 Äpfel
1 Banane
1 kleine Dose Mandarinen (Früchte und Saft)
1 Flasche Zitronenlimonade oder Apfelsaft
1/2 Liter Pfefferminztee (aus 1–2 Beuteln Pfefferminztee)
1/2 Flasche Sprudel ohne Geschmack

Zubehör
1 großer Saftkrug für die Bowle
1 scharfes Küchenmesser für das Obst
1 Kochlöffel
1 Dosenöffner

»Bowle ohne« ist ein Festgetränk für alle Arten von Parties. Sie ist etwas Besonderes, löscht den Durst und stillt den Appetit auf Süßes.

Wir übergießen 1–2 Beutel Pfefferminztee mit einem halben Liter kochendem Wasser und lassen den Tee etwa 5 Minuten ziehen. Inzwischen pressen wir aus einer Zitrone den Saft und füllen ihn zusammen mit dem Zucker in den Krug. Dann schälen wir die Äpfel, schneiden das Kernhaus heraus und schnitzeln die Äpfel in kleine Stücke. (Nicht vergessen, den Tee kaltzustellen – aber nicht im Kühlschrank!) Die geschälte Banane schneiden wir in Rädchen, die wir mit den Apfelstückchen in den Krug füllen. Wir verrühren Äpfel, Bananen, Zucker und Zitronensaft vorsichtig miteinander, damit aus unserem Obst kein Mus wird. Jetzt öffnen wir die Mandarinendose und schütten die Mandarinen zusammen mit dem Saft aus der Dose in den Krug. Zum Schluß geben wir die Limonade (oder den Apfelsaft) und den inzwischen abgekühlten Pfefferminztee dazu.

Die Bowle muß mindestens 2 Stunden im Kühlschrank kaltgestellt werden. Vor dem Servieren »spritzen« wir die Bowle mit Sprudel (Sprudel einfach dazuschütten).

Wer seine Freunde besonders festlich bewirten will, schneidet eine Zitrone in nicht allzudünne Scheiben, macht in jede Scheibe einen Schnitt vom Rand bis zur Mitte und steckt die Scheiben auf den Rand der Bowlengläser. Die Zitronenscheiben an den Gläsern sehen nicht nur hübsch aus, man kann sie auch essen. Sauer macht lustig!

Kalte Ente

Zutaten (für etwa 8 Gläser)
3 Zitronen, nicht gespritzt
4 Stückchen Würfelzucker
2 Flaschen weißer Traubensaft oder für größere Kinder bei besonderen Anlässen
1 Flasche weißer Traubensaft und
1 Flasche Weißwein
1 Flasche Zitronenlimonade oder Mineralwasser

Zubehör
1 Saftkrug
1 scharfes Küchenmesser
1 Kochlöffel zum Umrühren

Eines ist sicher, die Kalte Ente schmeckt auch dem, der nicht weiß, warum sie »Kalte Ente« heißt. Wir wissen es leider auch nicht. Aber vielleicht fällt Euch eine lustige Begründung für diesen sonderbaren Namen ein!

Beim Kauf der Zitronen müßt Ihr ausdrücklich »nicht gespritzte« verlangen, das heißt solche, deren Schale nicht mit Pflanzenschutzmitteln behandelt ist.

Zuerst waschen wir die Zitronen und trocknen sie ab. Wer von Euch die meiste Kraft in den Fingern hat, reibt jetzt die Zuckerstückchen so lange an einer Zitrone, bis sie ganz gelb sind und nach Zitronenöl duften.

Der Zucker kommt in den Krug (wenn die Stücke beim Abreiben zerbröseln, macht das nichts; dann werfen wir eben die Brösel in den Krug). Wir gießen den Traubensaft dazu, rühren gut um und stellen das Getränk kalt.

Aus den Schalen der beiden übrigen Zitronen schneiden wir schöne, lange Spiralen, je länger, desto besser. Die Spiralen hängen wir in den Krug, füllen das Getränk mit Sprudel auf, und schon können wir die Kalte Ente servieren. Am lustigsten sieht sie in bunten Gläsern aus. Aber natürlich schmeckt sie aus anderen Gläsern genauso erfrischend.

Zur Kalten Ente paßt Saures und Süßes gleichgut: Fischbrötchen, Wurstbrötchen, Kuchen, Gebäck, Würstchen.

Tip: Bewahrt die geschälten Zitronen in einer zugedeckten Schale im Kühlschrank auf. Am nächsten oder übernächsten Tag könnt Ihr sie gut für andere Getränke zur Saftbereitung verwenden.

Heißer »Apfelwein«

Zutaten (für 6–7 Gläser)
1 Liter Apfelsaft
4 Eßlöffel Zucker
2 Nelken
1 Stück Stangenzimt (gibt es in Cellophanbeutel und Gläsern zu kaufen)
1 Stück Orangenschale, nicht gespritzt

Zubehör
1 Kochtopf
1 Kochlöffel zum Umrühren

Durst gibt's nicht nur im Sommer. Wenn es draußen Stein und Bein friert, wenn wir durchgefroren vom Rodeln oder Schlittschuhlaufen nach Hause kommen, ist heißer Apfelwein genau das Richtige. Er wärmt von innen heraus, taut uns wieder auf, duftet und schmeckt fein. Das wird richtig gemütlich.

Heißer Apfelwein ist ganz schnell zubereitet: Wir füllen alle Zutaten in einen Topf, rühren um und lassen bei Mittelhitze einmal kurz aufkochen.

Wir servieren den Apfelwein in Teegläsern – die sind hitzebeständig und springen nicht, wenn wir das Getränk kochendheiß einfüllen.

Zu heißem Apfelwein paßt einfach alles: Lebkuchen, Gewürzkuchen, Weißbrot mit Butter, Plätzchen.

Früher war man der Meinung, daß schon jeder Tropfen Alkohol für Kinder pures Gift sei. So streng denkt man heute nicht mehr darüber, besonders, nachdem die Mediziner festgestellt haben, daß Alkohol, in ganz geringen Mengen genossen, niemandem schadet.

Egg-Nogg mit Banane

Zutaten (1 Portion)
1 reife Banane
1 Ei
1 Eßlöffel Zucker
1/4 Liter Milch
2 Eßlöffel Birnenschnaps (Williams)
2 Eßlöffel Eiswürfel (etwa 6–8 Würfelchen)

Zubehör
1 Becher
1 Schneebesen
1 Cocktailglas
1 Cocktaillöffel

Die geschälte Banane schneiden wir in dünnen Rädchen in den Becher, geben das Ei, den Zucker, die Milch und das Feuerwasser dazu und verquirlen die Zutaten mit dem Schneebesen zu einer glatten, dicken Flüssigkeit.

Den Cocktail gießen wir in ein hohes Glas, fügen 2 Eßlöffel Eiswürfel dazu und servieren mit einem Cocktaillöffel. (Ohne Cocktaillöffel schmeckt's auch.)

9

Heute geht Mutter in die Stadt

Was ist, wenn Mutter mal in die Stadt fährt? Vielleicht kauft sie ein, oder sie besucht Oma und Opa – oder sie möchte einfach einmal einen Tag ausspannen von der Hausarbeit?

Wollen wir ihr nicht dabei helfen und für sie kochen? Ihr müßt Euch nur mit den Hausaufgaben ein wenig mehr als sonst beeilen. Natürlich geht das Kochen etwas langsamer als bei Mutter. Aber wir lernen es ja auch erst, und sie kann es schon. Und wenn Vater dann beim Essen sagt: »Mmm, fast so gut wie bei Mutter!« – dann ist das schon ein großes Lob; denn Mutter kocht bestimmt sehr gut!

Die Rezepte in diesem Kapitel sind für 4 Personen berechnet, damit alle satt werden – und für Mutter auch noch etwas übrigbleibt.

Kartoffelsuppe mit Würstchen

Zutaten (4 Portionen)
1–2 Pakete Instant-Kartoffelsuppe (das ist Kartoffelsuppenpulver, das man nur noch mit Wasser anzurühren braucht)
4 Paar Wiener Würstchen
2 Scheiben Weißbrot
Fett für die Pfanne

Zubehör
1 großer Suppentopf
1 Küchenmesser zum Brotwürfelschneiden
1 Bratpfanne
1 Wender (auch Bratschaufel genannt)

Wir bereiten die Instant-Kartoffelsuppe genau nach Anweisung auf dem Paket zu. Die Suppe soll gut durchziehen, also lassen wir sie bei schwacher Hitze vor sich hinkochen. Wir legen die Würstchen in die heiße Suppe und decken den Topf nur so weit zu, daß ein Spalt offen bleibt. Bei ganz geschlossenem Topf platzen nämlich die Würstchen.

Mit dem Küchenmesser schneiden wir die Weißbrotscheiben in Würfel. Die Bratpfanne streichen wir dünn mit Margarine oder Öl aus und rösten darin die Brotwürfel bei Mittelhitze rundherum goldbraun.

Zum Anrichten füllen wir die dampfende Suppe samt den Würstchen mit dem Schöpflöffel in eine Terrine (Suppenschüssel) und streuen die gerösteten Weißbrotwürfelchen darüber.

Gleich servieren, sonst werden die knusprigen Brotwürfel wieder weich!

Wie wär's mit Apfelsinen-Quarkspeise zum Nachtisch? Oder essen wir nach den Würstchen lieber Obstsalat?

Wer seine Kartoffelsuppe aus gekochten Kartoffeln machen will, schaut im Kapitel nach: »Der Kaspar, der war kugelrund«.

Fischfilet in Senfsoße mit Salzkartoffeln

Zutaten (4 Portionen)
1 Tasse Wasser
1 Teelöffel Zitronensaft
1 Messerspitze Salz
1 Paket tiefgekühltes Kabeljaufilet
1 Päckchen weiße Soße
1 Eßlöffel Dosenmilch
1 Messerspitze Zucker
1 Eßlöffel Senf
1 Gewürzgurke
1 Eßlöffel Butter
1 kg Kartoffeln
1–2 Tassen Wasser
1 Teelöffel Salz
Petersilie

Zubehör
1 Topf für den Fisch
1 Zitronenpresse
1 Schaumlöffel (auch Schaumkelle genannt)
1 Litermaß
1 Schneebesen
1 Topf für die Kartoffeln
1 Kartoffelschäler oder
1 Küchenmesser
1 Topf mit Stiel (Kasserolle) für die Soße

Fisch schmeckt nicht nur am Freitag!

1 Tasse Wasser bringen wir mit Zitronensaft und Salz bei starker Hitze zum Kochen, geben den gefrorenen Fisch hinein, schalten zurück und lassen das Fischfilet zugedeckt bei ganz schwacher Hitze etwa 20 Minuten ziehen. Während der Fisch garkocht, bereiten wir die Salzkartoffeln zu.

Sobald der Fisch gar ist (stecht mit der Gabel oder mit einem Schaschlikstäbchen hinein; das Fleisch muß ganz weich sein), heben wir ihn vorsichtig mit dem Schaumlöffel aus dem Wasser und legen ihn auf eine Platte. Die Platte stellen wir warm.

Den Fischsud – so heißt das Wasser, in dem der Fisch gekocht wurde – gießen wir in ein Litermaß. Wenn wir weniger als ¼ Liter Fischsud im Meßbecher haben, füllen wir mit Wasser bis zur Viertelliter-Marke auf. Dann gießen wir den Sud in die Kasserolle (Topf mit Stiel), bringen ihn bei guter Mittelhitze zum Kochen und rühren mit dem Schneebesen das Pulver für die Weiße Soße ein. Die Soße lassen wir einmal kurz aufkochen, schalten die Hitze ganz aus und schmecken mit Dosenmilch, Zucker, Senf und einer in Rädchen geschnittenen Gurke ab. Nehmt zum Probieren einen kleinen Löffel, paßt aber auf, daß Ihr Euch die Zunge nicht verbrennt. Die fertige Soße wird schön gleichmäßig über den Fisch gegossen; auf den Fisch legen wir noch ein paar Butterflöckchen.

Von den Salzkartoffeln gießen wir das Wasser ab und richten sie in einer Schüssel an. Jetzt servieren wir.

Fischgerichte sind leicht verdaulich. Da können wir uns als Vorspeise schon einen Teller Tomatensuppe leisten.

Einem echten Suppenkaspar ist natürlich Schokoladenpudding mit Vanillesoße zum Nachtisch lieber.

Wenn im Kochbuch von »Kasselern« die Rede ist, sind nicht die Einwohner von Kassel gemeint, sondern gepökelte und schnell geräucherte Schweinekoteletts. Kasseler ist also Fleisch, das nur noch heiß gemacht, aber nicht mehr gekocht werden muß. Der »Erfinder« dieser leckeren Fleischspeise war ein Metzgermeister Cassel. Und auf ihn geht die Bezeichnung »Kasseler« oder »Cassler« zurück.

Linsengemüse mit Kasseler und Kartoffelpüree

Zutaten (4 Portionen)
1 Eßlöffel Margarine
1 Teelöffel Zwiebelwürfel
1 Teelöffel Mehl
1½ Dosen Linsengemüse
1 Teelöffel Streuwürze (z. B. Fondor)
½ bis 1 Kasseler pro Person
1 Paket Kartoffelpüree
Milch und Wasser nach Paketanweisung
Salz und Muskatnuß
Tomatenketchup

Zubehör
1 Küchenbrett
1 Küchenmesser zum Zwiebelschneiden
1 Dosenöffner
1 große Pfanne
1 Wender (auch Bratschaufel genannt)
1 Schneebesen für das Kartoffelpüree
1 breiter Topf für das Kartoffelpüree

In einer großen Pfanne zerlassen wir bei Mittelhitze die Margarine. Dann schälen wir eine Zwiebel und schneiden sie in der Mitte durch. Die eine Hälfte der Zwiebel bewahren wir auf, die andere legen wir mit der Schnittfläche auf ein Brettchen, schneiden sie zuerst senkrecht in dünne Scheiben und dann quer dazu, so daß die halbe Zwiebel in kleine Würfel zerfällt. Die Zwiebelwürfel dünsten wir in der Pfanne, bis sie glasig, also durchsichtig sind. Dann streuen wir das Mehl über die Zwiebel und rühren alles mit dem Wender durch. Die Linsen geben wir direkt aus der Dose in die Pfanne und würzen sie mit der Streuwürze. Wir bringen die Linsen langsam zum Kochen, schalten auf schwache Hitze zurück und legen die Kasseler auf die Linsen. Jetzt lassen wir alles zusammen noch etwa 10 Minuten ziehen.

In dieser Zeit bereiten wir nach der Anweisung auf der Packung das Kartoffelpüree zu und würzen es nach Geschmack mit einer Messerspitze Muskat. Ein Teelöffel Butter zum fertigen Püree macht es sämiger und schmackhafter.

Zum Auftragen füllen wir das Linsengemüse am besten in eine ovale Schüssel. Dann können wir die Kasseler in einer Reihe wie Dachziegel auf dem Gemüse anordnen. Jetzt tragen wir Gemüse und Püree auf und reichen in einem kleinen Schüsselchen Tomatenketchup dazu.

Wer besonders fleißig oder besonders hungrig ist, kann als Nachtisch einen Himbeerquark zubereiten (siehe Seite 43).

Wer noch Appetit hat, aber nicht ganz so fleißig ist, serviert eine Scheibe Fürst-Pückler-Eis aus der Kühltruhe.

Kartoffelbrei

(selbstgemacht)

Zutaten (4 Portionen)

3/4 kg Kartoffeln
1/8–1/4 l Wasser
1/2 Teelöffel Salz
25 g Butter
1/4 l heiße Milch
1/3 Teelöffel Salz
1 Messerspitze Muskat

Zubehör

1 Kartoffelschäler
1 Kartoffeltopf
1 Kartoffelstampfer oder -presse
1 Topf mit Stiel (Kasserolle) für die Milch
1 Schneebesen
1 Steinzeugschüssel

Neue Kartoffeln machen den Kartoffelbrei »klitschig«, wir wählen also eine »mittelalte« Sorte, die wir waschen, schälen und je nach Größe in Stücke schneiden. Die Kartoffelwürfel geben wir mit Salz und Wasser in einen Topf und kochen sie bei starker Hitze an. Sobald die Kartoffeln kochen, auf schwache Hitze umstellen und in etwa 15 Minuten weichkochen.

Während die Kartoffeln kochen, schütten wir die Milch in einen Stieltopf und lassen sie heiß werden.

Sind die Kartoffelwürfel weich, schütten wir das heiße Wasser ab (Vorsicht, Topflappen benutzen und das heiße Wasser durch einen Spalt zwischen Topf und Deckel abgießen) und füllen die Kartoffeln in eine Steinzeugschüssel. Mit dem Kartoffelstampfer zerdrücken wir nun die Kartoffeln, gießen Milch dazu und fügen Butter, Salz und geriebene Muskatnuß hinzu.

Mit viel Muskelkraft rühren wir nun mit dem Schneebesen kräftig um und schlagen den Brei so lange, bis er sahnig und flockig ist.

Schinkenreis

Zutaten (4 Portionen)
2 Eßlöffel Margarine
1 kleine Zwiebel
4 Tassen Reis
10 Tassen Wasser mit
1 Teelöffel Salz
250 g gekochter Schinken
1 kleine Dose Tomatenmark
1 Gläschen Weißwein
1 Messerspitze Pfeffer
1 Messerspitze Majoran

Zubehör
1 großer, flacher Topf
1 Küchenbrett
1 Messer
1 Tasse
1 Wender (auch Bratschaufel genannt)
1 Dosenöffner
1 Glas für den Wein
1 Gabel

Zuerst schälen wir eine Zwiebel und schneiden sie in Ringe oder Würfel. Dann lassen wir die Margarine bei guter Mittelhitze in einem großen, flachen Topf heiß werden, geben die Zwiebel dazu und dünsten sie zu lichtgelber Farbe. Nun streuen wir vorsichtig den trockenen Reis ein und lassen ihn unter gelegentlichem Wenden mitschmoren. Sobald die Körner hellbraun geworden sind, gießen wir das Wasser zu, streuen Salz darüber und lassen den Reis bei schwacher Hitze etwa 30 Minuten quellen.

Inzwischen öffnen wir eine Dose Tomatenmark und verrühren den Inhalt mit einem Gläschen Weißwein. Den Schinken schneiden wir in Würfel und rühren, sobald der Reis gar ist, mit einer Gabel das Tomatenmark-Wein-Gemisch, die Schinkenwürfel und eine Messerspitze Majoran unter den Reis.

Dazu gibt's eine Schüssel Gurken- oder Blattsalat.

Kartoffeln in der Schale gebacken, mit Kräuterquark

Zutaten (4 Portionen)
1 kg gleichgroße Kartoffeln
Öl zum Bestreichen
Salz und Kümmel zum Bestreuen

Für den Quark:
250 g Speisequark, Magerstufe oder 20% Fett i. Tr., d. h. in Trockenmasse (Topfen)
1/8 Liter Milch (knapp)
1 Teelöffel Salz
1/2 Teelöffel Paprikapulver
1 Bund Dill oder Schnittlauch

Zubehör
1 Backblech
1 Messer
1 Fettpinsel
1 hoher Becher
1 Schneebesen
1 Küchenschere
1 Bratengabel

Die Kartoffeln sind im Nu auf dem Backblech, also heizen wir zuerst den Backofen vor: Elektroherd 250 Grad oder Gasherd Stufe 5.

Die Kartoffeln werden gut gewaschen (man kann sie auch mit einer Wurzelbürste abbürsten) und halbiert. Jetzt pinseln wir ein Backblech nicht zu dünn mit Öl ein, legen die Kartoffelhälften mit der Schnittfläche auf das Blech und ölen sie oben auch noch ein. Dann streuen wir ein wenig Salz und Pfeffer auf jede Kartoffel und schieben das Blech in den heißen Ofen.

Inzwischen haben wir Zeit, den Tisch zu decken und den Kräuterquark zuzubereiten: Wir geben ein halbes Pfund Quark in den hohen Becher, fügen Milch, Salz und Paprikapulver zu und verrühren alles mit dem Schneebesen zu einer glatten Krem. Nun waschen wir noch einen Bund Kräuter und schneiden sie mit der Küchenschere in den Quark hinein. Einmal umrühren – fertig ist der Kräuterquark.

Wer Kartoffeln knusprig gebrutzelt mag, wendet sie nach einer Stunde um, gibt auf jede Schnittfläche eine Butterflocke und brät noch etwa 5 Minuten weiter. Aufpassen: der Ofen ist glühheiß!

Unbedingt eine *lange* Bratengabel zum Wenden und *dicke* Topflappen oder Handschuhe zum Blechfesthalten verwenden!

Zum Schluß richten wir die Kartoffelhälften auf einer großen, vorgewärmten Platte an und reichen den Kräuterquark dazu.

Wer Quark nicht ganz so gern mag, serviert saure Sahne mit gehackten Kräutern und gemischten Salat.

10

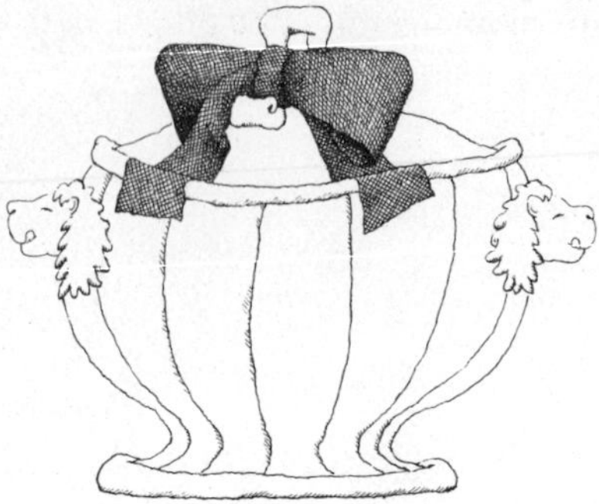

Das gibt's nicht jeden Tag

Kein Tag ist ganz so wie der andere, und niemand ist immer gut aufgelegt.

Da gibt es Tage, an denen man sich schon beim Aufstehen die Zehen anstößt und an denen selbst die Zahnpasta fader schmeckt als sonst. Das Mathematikbuch ist nicht zu finden, der Füller ist leer und in der Schule wird man nach Dingen gefragt, die man doch gestern noch ganz genau gewußt hat. Solche Tage muß man überlisten: Wir wissen, daß sie vorübergehen; und im Vorbeigehen strecken wir ihnen die Zunge heraus.

Und dann gibt es die anderen Tage, an denen es gar nichts Besonderes gibt: Nichts Besonderes auf dem Schulweg, nichts Neues von den Freunden, nichts Besonderes zu Hause und nichts Besonderes zum Essen. Solche Tage braucht man; graue Flächen in einem Bild bringen die farbigen zum Leuchten.

Und dann kommt ein Tag, an dem man frühmorgens schon

weiß: Dies ist ein besonderer Tag! Alles »stimmt« – sogar die Luft riecht besser als sonst. Ein gütiges Geschick hat aus der düsteren Vier in Deutsch eine strahlende Zwei werden lassen; die letzten beiden Stunden fallen aus – Du hast keine Hausaufgabe auf und auf dem Weg nach Hause findest Du ein Zwei-Mark-Stück, zwei Zehn-Pfennig-Stücke und ein Fünferl auf einem Fleck. Ein Tag zum Erinnern – ein Tag wie Himbeereis mit Schokolade.

Und wenn Ihr nach Hause kommt, hat Mutter Euer Leibgericht gekocht, etwas, was es nicht jeden Tag gibt. (Vielleicht sogar ein Gericht aus Eurem Kochbuch: Wie wär's mit Schafskäsefondue – und zur Nachspeise Obstsalat mit Feuerwasser!)

Frühlings-Eier

Zutaten (4 Portionen)
375 g Hackfleisch (halb Schweine-, halb Rindfleisch)
2 Eier
2 Eßlöffel Semmelbrösel
1/2 Teelöffel Salz
1 Messerspitze Pfeffer
1/3 Teelöffel Paprikapulver edelsüß
1 Teelöffel Senf, mittelscharf
4 Eier, hartgekocht
4 Eßlöffel Öl oder 50 g Kokosfett zum Braten
Salatblätter vom Kopfsalat
1/2 Tube Remoulade
1 Joghurt
Zitronensaft
Salz und Pfeffer
4 Tomaten

Zubehör
1 Topf
1 große Schüssel
1 Pfanne
1 Wender (auch Bratschaufel genannt)
1 Schüsselchen mit Schneebesen

Im Topf bringen wir bei starker Hitze etwa 3/4 Liter Wasser zum Kochen. Dann legen wir mit einem Eßlöffel oder Schaumlöffel 4 Eier vorsichtig in das kochende Wasser und schalten auf schwache bis mittlere Hitze um. Den Topf decken wir nicht zu. Das Wasser soll nun nicht mehr heftig sprudeln, sondern nur noch leicht vor sich hinkochen. Nach 10 Minuten nehmen wir die Eier heraus und schrecken sie unter fließendem kalten Wasser kräftig ab. Nun können wir sie gut abschälen.

Wenn wir nicht ganz saubere Hände haben, waschen wir sie jetzt gründlich. Dann bereiten wir den Fleischteig zu: Hackfleisch, 2 Eier, Semmelbrösel, Salz, Pfeffer, Paprika und Senf kommen in die Schüssel und werden mit beiden Händen so lange durchgeknetet, bis ein glatter, gleichmäßiger Teig entstanden ist. Den Teig teilen wir nun in 4 Portionen, formen aus jeder Portion ein »Schüsselchen« und geben in jedes dieser Schüsselchen ein hartgekochtes Ei. Dann ziehen wir den Teig über dem Ei zusammen und drehen mit angefeuchteten Händen ovale Bällchen. Die Bällchen legen wir auf einen Teller, stellen die Pfanne auf den Herd, lassen das Öl bei guter Mittelhitze heiß werden und

legen nun die Bällchen vorsichtig in das heiße Öl. Wir backen sie von allen Seiten knusprig braun – das dauert etwa 10–12 Minuten – nehmen sie heraus und lassen sie auf dem Teller abkühlen.

Jetzt werden auf einer großen Platte gut abgespülte große Salatblätter verteilt. Die abgekühlten Frühlings-Eier schneiden wir mit dem Messer der Länge nach durch und setzen die Hälften – Ei nach oben – auf die Salatblätter. Wenn wir wollen, verzieren wir die Platte noch hübsch mit Tomatenscheiben.

Noch schnell die Soße: Wir drücken aus der Remouladentube die Hälfte in ein Schüsselchen, vermischen sie mit einem Becher Joghurt und schmecken mit ein paar Tropfen Zitronensaft und einer Prise Salz und Pfeffer ab. Die Soße servieren wir mit den Frühlings-Eiern.

Dazu essen wir frisches Bauernbrot.

Hähnchen auf amerikanische Art

Zutaten (4 Portionen)
1 fertig gegrilltes Hähnchen aus der Hendlbraterei oder dem Feinkostgeschäft

Cocktail-Soße:
1 Beutel Remoulade oder Mayonnaise
2–3 Eßlöffel Dosenmilch
1/3 Teelöffel Salz
1/3 Teelöffel Pfeffer
1 Messerspitze Zucker
einige Tropfen Maggi
1 Teelöffel Trockenkräuter
Selleriesalat aus dem Glas
1 frisches Stangenweißbrot

Zubehör
1 Platte
1 Geflügelschere
1 Schüsselchen mit Schneebesen

Wir holen uns ein fertig gegrilltes, warmes Hähnchen aus der Hendlbraterei; es gibt sie aber auch in fast jedem Feinkostgeschäft. Laßt es Euch gut einwickeln, damit das Hähnchen warm bleibt.

Nun die Soße: In dem Schüsselchen vermischen wir die Remoulade (oder nach Geschmack die Mayonnaise) mit der Dosenmilch, Salz, Zucker, Pfeffer und einem Teelöffel voll Trockenkräutern. Dann schmecken wir mit ein paar Tropfen Maggi ab.

Den Selleriesalat füllen wir aus dem Glas in eine Schüssel. Vor dem Auftragen schneiden wir mit der Geflügelschere das Hähnchen in 4 Teile, so wie Ihr es auf dem Bild auf Seite 60 seht. Wir servieren das Hähnchen mit dem Salat und der Soße und reichen dazu frisches Stangenweißbrot.

Das war wirklich keine große Mühe, oder?

Ein bißchen mehr Arbeit machen schon

Gefüllte Knödel mit Sauerkraut

Zutaten (4 Portionen)

1 Paket Kartoffelknödelpulver Halb-und-Halb
2–3 Liter Wasser
1 Eßlöffel Salz
1 Eßlöffel Öl
1/1 Dose Sauerkraut tafelfertig
1 Päckchen Bratensoße

Für die Füllung:
125 g Hackfleisch
1/2 Teelöffel Salz
1/3 Teelöffel Pfeffer
1 Messerspitze Senf

Zubehör

1 hohe Schüssel für die Kartoffelknödel
1 Kochlöffel
1 Pfanne für die Füllung
1 Wender (auch Bratschaufel genannt)
1 Eßlöffel
1 Schaumlöffel (auch Schaumkelle genannt)
1 Topf für das Sauerkraut
1 Topf mit Stiel (Kasserolle) für die Soße
1 Schneebesen
1 Dosenöffner
1 Topf zum Knödelkochen

Wenn man die Kartoffeln mit der Hand reiben muß, macht Knödelkochen viel Arbeit und ist eine rechte Kunst. Aber es geht auch anders: Wir nehmen fertiges Kartoffelknödelpulver, rühren es in der Schüssel nach Packungsvorschrift an und lassen es quellen.

Inzwischen bereiten wir die Knödelfüllung zu: Das Öl muß in der Pfanne bei guter Mittelhitze heiß werden, dann kommt das Hackfleisch in die Pfanne. Das Fleisch verteilen wir mit dem Wender, salzen es, pfeffern es und geben den Senf dazu. Wir braten alles etwa zehn Minuten lang gut durch und stellen die Pfanne zum Abkühlen auf die Seite.

Jetzt setzen wir den großen Knödeltopf mit Salz und Wasser auf den Herd und schalten auf starke Hitze, damit das Wasser schnell zum Kochen kommt. Nun formen wir aus der Knödelmasse mit nassen Händen die Knödel (etwas kleiner als Tennisbälle) und legen sie nebeneinander auf ein Küchenbrett. Wenn das Wasser kocht, nehmen wir Knödel für Knödel zur Hand, drücken mit dem Finger oder mit dem Löffel eine Vertiefung ein, geben je einen Eßlöffel von der Fleischfüllung in die Vertiefung und verschließen die Öffnung wieder mit Knödelteig. Dann drehen wir den Knödel nochmal, bis er schön kugelrund ist, und lassen ihn vorsichtig in das kochende Wasser gleiten. Die Knödel sollen soviel Platz haben, daß sie nebeneinander schwimmen. Wir lassen noch einmal aufkochen, dann können die Knödel bei schwacher Hitze nach der Anweisung auf der Packung garziehen. Den Deckel legen wir dabei nur halb auf den Topf, sonst wird aus den Knödeln Kartoffelsuppe.

Während die Knödel ziehen, lassen wir das Sauerkraut aus der Dose in einem Topf bei Mittelhitze langsam heiß werden. Inzwischen bereiten wir die Bratensoße. Wie das geht, steht auf dem Soßenpäckchen.

Nun decken wir den Tisch; wer Geschwister hat, läßt sich dabei von ihnen helfen. In die Knödelschüssel legen wir einen Frühstücksteller verkehrt herum, mit dem Boden nach oben. Die Knödel holen wir vorsichtig mit dem Löffel aus dem heißen Wasser, lassen sie abtropfen und füllen sie in die Schüssel. Jetzt können wir die dampfenden Knödel auf den Tisch bringen. Mit dem Sauerkraut und der Bratensoße schmecken sie prima und machen richtig satt.

Deshalb gibt's zum Nachtisch nur etwas Obst.

Dampfnudeln mit Vanillesoße

Zutaten (4 Portionen)
500 g Mehl
20 g Hefe (das enthält ein gekaufter Block)
80 g Zucker
2 1/2 Tassen lauwarme Milch
2 Eier
150 g Butter oder Margarine
3 Eßlöffel warmes Wasser

Für die Soße:
1/2 l Milch
2 Päckchen Vanillesoße »ohne Kochen«

Zubehör
1 große Steinzeug-Backschüssel
1 Meßbecher
1 Tasse
1 Gabel
1 Rührlöffel mit Loch im Blatt
1 Geschirrtuch
1 Topf mit Stiel (Kasserolle) für Fett und Milch
1 Topf mit Deckel, am besten feuerfestes Glas
1 Krug für die Soße
1 Schneebesen

Dampfnudeln gehören zu den »Leibspeisen« aller Kinder. Und wenn sie auch viel Arbeit machen – an einem grauen Regen- oder Ferientag veranstalten wir einmal den »Tag der Dampfnudel«.

Ihr wiegt das Mehl ab, gebt's in eine Backschüssel und drückt mit dem Löffelrücken eine Vertiefung in den Mehlberg.

In die Grube bröseln wir die frische Hefe, fügen 1 Eßlöffel vom Zucker hinzu und nur eine halbe Tasse Milch von der ganzen, angegebenen Menge. Die Milch müssen wir zuvor bei schwacher Hitze erwärmen. Wenn Ihr eine Fingerprobe macht, darf die Milch nur lauwarm und nicht etwa heiß sein.

Hefe, Zucker, etwas Mehl und Milch verrühren wir mit einer Gabel zu einem Teiglein, auch »Vorteig« genannt. Dieses Wort habt Ihr sicher schon bei Mutter gehört. Hefe liebt feuchte Wärme, damit sie sich vermehren, d. h. »gehen« kann.

Wir streuen etwas Mehl auf den Vorteig, decken ein Geschirrtuch über die Backschüssel und stellen das Ganze etwa 20 Minuten lang an einen warmen Ort.

Inzwischen lassen wir 100 g Butter oder Margarine von der Gesamtmenge in dem Stieltopf schmelzen, schlagen 2 Eier über einer Tasse auf und messen 50 g Zucker von der Gesamtmenge ab.

Sobald das Mehl auf dem Vorteig Risse zeigt, schütten wir Eier, den abgemessenen Zucker und die zerlassene Butter oder Margarine in die Schüssel. Knapp 2 Tassen Milch (auch wieder von der Gesamtmenge) gießen wir in unseren Stieltopf und lassen sie kurz warm werden. Die Milch kommt ebenfalls in die Backschüssel.

Jetzt krempeln wir die Ärmel hoch und rühren und schlagen den Teig so lange mit dem Rührlöffel, bis er »Blasen« wirft, d. h. der lockere Teig aufreißt.

Nun muß der Teig noch einmal ruhen: wir decken die Backschüssel mit dem Geschirrtuch ab und stellen alles etwa 20 Minuten warm.

Aus dem locker aufgegangenen Teig drehen wir mit leicht bemehlten Händen Knödel in Größe eines kleinen Apfels.

Bevor wir die Knödel in die feuerfeste Form setzen, zerlassen wir bei schwacher Hitze die restliche Butter oder Margarine, gießen sie in die Form, fügen den restlichen Zucker, den Rest lauwarmer Milch und das warme Wasser (Milch und Wasser können wir zusammen im Stieltopf erwärmen) hinzu. Die Knödel setzen wir dicht nebeneinander in die Form, schließen den Topf und dämpfen die Nudeln bei Mittelhitze etwa 30 Minuten lang. Der Deckel darf während des Dämpfens nicht abgehoben werden! Fertige Nudeln »krachen« im Topf, sind außen gold-gelb und innen zart und saftig.

Wir tragen die Dampfnudeln sofort auf und servieren dazu eine Vanillesoße, die wir schnell noch nach Vorschrift auf der Packung bereitet haben.

Mexikanisches Reisgericht

Zutaten (4 Portionen)
250 g Langkornreis
4 Tassen Wasser
1 Teelöffel Salz
1 Eßlöffel Butter
1/3 Teelöffel Pfeffer
200 g Schweinefilet
1 kleine Zwiebel
1 Eßlöffel Öl
1 kleine Dose Krabben
1 kleine Dose Fruchtsalat
1 Eßlöffel Butter
1 Eßlöffel Mandelsplitter
1 Päckchen Curry-Soße

Zubehör
1 großer flacher Topf für den Reis
1 Sieb für den Reis
1 Wender (auch Bratschaufel genannt)
1 Küchenbrett
1 scharfes Fleischmesser
1 Pfanne
1 Sieb für Krabben und Fruchtsalat
1 Topf mit Stiel (auch Kasserolle genannt)
1 Schneebesen

In dem großen, flachen Topf bringen wir Wasser bei starker Hitze zum Kochen. Im Sieb brausen wir den Reis kalt ab und schütten ihn in das kochende Wasser. Nun schalten wir auf schwache Hitze zurück und lassen den Reis garquellen. Den fertigen Reis (fertiger Reis ist weich) schütten wir wieder ins Sieb – paßt auf, das Wasser ist sehr heiß – und brausen ihn unter fließendem Wasser kalt ab. Dann muß er über einer Schüssel abtropfen. Den Topf, in dem der Reis gekocht hat, spülen wir gut aus, stellen ihn wieder auf den Herd und lassen darin bei ganz schwacher Hitze die Butter zerlaufen. Dann geben wir den abgetropften Reis dazu und würzen ihn mit Salz und Pfeffer.

Das Schweinefilet waschen wir ab, trocknen es mit Küchenkrepp oder in einem Küchentuch, schneiden es erst in Scheiben, dann in dünne Streifen. Die geschälte und halbierte Zwiebel schneiden wir in kleine Würfel. Jetzt muß das Öl in der Pfanne bei starker Hitze heiß werden. Es ist heiß genug, wenn sich am Stiel eines Holzkochlöffels, den Ihr hineintaucht, Blasen bilden. Zwiebelwürfel und Fleisch kommen in das Öl und werden etwa 10 Minuten lang zusammen gebraten. Das knusprig braune Zwiebelfleisch mengen wir unter den Reis.

Dann öffnen wir die Dose mit den Krabben, schütten die Flüssigkeit ab und mengen die Krabben auch unter den Reis. Den Obstsalat aus der Dose lassen wir im Sieb abtropfen. Inzwischen zerlassen wir in der Pfanne einen Eßlöffel Butter, fügen den abgetropften Fruchtsalat dazu und erwärmen ihn bei Mittelhitze.

Wie die Curry-Soße zubereitet wird, ist auf dem Päckchen genau beschrieben.

Zum Schluß häufen wir den Reis auf eine heiße Platte; dabei könnt Ihr aus dem Reis eine Halbkugel, einen Kegel oder auch eine Art Torte formen, wie es Euch am besten gefällt. Auf dem Reis verteilen wir den heißen Obstsalat und streuen Mandelsplitter darüber; über das Ganze lassen wir die Curry-Soße laufen.

Schafskäse-Fondue

Zutaten (4 Portionen)
500 g Schafskäse
2 Zwiebeln
8 Eßlöffel Olivenöl
1 Stange Weißbrot

Zubehör
Fondue-Pfanne oder Topf mit Stiel
Fondue-Kocher oder Spirituskocher
4 Gabeln
1 Schüssel
1 Tasse
1 Sieb
1 scharfes Messer
1 Küchenbrett
1 Kochlöffel
1 Brotkörbchen

Für die Fondue-Zubereitung müßt Ihr, wenn kein Fondue-Gerät im Hause ist, einen Spirituskocher benützen. Fondue wird auf dem Tisch gekocht und aus der Fondue-Pfanne oder dem Stieltopf gegessen. Vielleicht wäre es doch gut, wenn Vater oder Mutter dabei wären, weil Spiritus sehr leicht brennt – und weil das Fondue so gut ist!

Den Schafskäse kaufen wir in einem Block und probieren zu Hause ein kleines Stückchen. Wenn er – was manchmal vorkommt – zu salzig ist, legen wir den Block in eine Schüssel mit etwa 2 Liter kaltem Wasser zum Auslaugen. Sobald uns der Käse mild genug erscheint – das kann je nach Salz und Geschmack 20 Minuten oder 3 Stunden dauern, da müßt Ihr von Zeit zu Zeit probieren – lassen wir ihn im Sieb gut abtropfen. Jetzt können wir ihn bis zum Kochen und Essen in einer Schüssel aufbewahren oder gleich das Fondue zubereiten.

Eigentlich sollten bei diesem Gericht die »Mitesser« auch bei den Vorbereitungen helfen: während einer die Zwiebeln schält und in ganz kleine Würfelchen schneidet, kann der andere die Hälfte des Stangenbrotes in mundgerechte Stücke schneiden oder brechen und in das Brotkörbchen legen.

Nun zerbröseln wir den Schafskäse in eine trockene Schüssel und bereiten den Tisch vor. Wir stellen alle Zutaten, Brot, Zwiebel, Käse und Öl auf den Tisch; in die Mitte kommt der Spirituskocher mit der Pfanne, an jeden Eßplatz eine Serviette und eine Gabel. Und nun bitte Platz nehmen – beim Fondue ist Kochen und Essen eins.

Der Kocher wird angezündet, die Pfanne oder der Stieltopf auf die Flamme gestellt. Dann geben wir das Öl in die Pfanne und lassen die Zwiebeln darin glasig aber ja nicht braun werden. Das dauert ein wenig – aber wie das schon köstlich duftet!

Nun muß einer mit der linken Hand die Pfanne am Stiel halten und mit der rechten fleißig mit dem Kochlöffel rühren, während der »Hilfskoch« erst einmal eine Handvoll Käsebrösel in das heiße Öl streut. Und jetzt immer ganz gleichmäßig rühren, bis der Käse fast geschmolzen ist – dann kommt die nächste Handvoll Käse dazu – und weiterrühren! In etwa 5 Minuten bilden Käse, Zwiebel und Öl eine gleichmäßige, dicke Flüssigkeit. Nun ist es soweit: Wir drehen den Spiritus auf ganz kleine Flamme; jeder spießt einen Happen Brot auf seine Gabel, tunkt ihn in den flüssigen Käse, bläst ein wenig und – guten Appetit!

Dazu trinken wir weißen Traubensaft.

Obstsalat mit Feuerwasser

Zutaten (4–6 Portionen)
2–3 saure Äpfel, z. B. Boskop
2–3 Bananen
2–3 Apfelsinen
250 g Weintrauben, blau oder grün
1 kleine Dose Fruchtsalat oder Ananasstückchen oder Mandarinenschnitze
Saft von 2 Zitronen
1 Beutel gehackte Mandeln oder Nüsse
1 Gläschen Feuerwasser (süßer Likör wie Cointreau oder guter Rum, Arrak, Kirschwasser, Himbeergeist, Zwetschgenwasser, Birnenschnaps)
1/4 Liter Schlagsahne mit
1 Vanillezucker
Waffelröllchen

Zubehör
1 große Schüssel
1 großes Küchenbrett
1 Küchenmesser
1 Dosenöffner
1 Zitronenpresse
1 Meßbecher
1 Schneebesen
1 Becher zum Sahneschlagen
1 Salatbesteck

Damit Apfel- und Bananenstücke an der Luft nicht braun und unansehnlich werden, pressen wir schnell zwei Zitronen aus und vermischen den Saft mit Zucker in der Obstschüssel. Äpfel, Bananen und Apfelsinen werden geschält, von Kernen oder Kernhaus befreit und in Stückchen geschnitten. Die Weintrauben brausen wir unter lauwarmem Wasser ab, halbieren sie je nach Größe und holen die großen Kerne heraus. Das Obst füllen wir in die Schüssel und vermengen es mit dem gezuckerten Zitronensaft.

Nun öffnen wir eine kleine Dose Fruchtsalat, Ananasstückchen oder Mandarinenschnitze, gießen den Saft – zum Selbertrinken – in ein Glas und geben das Obst zum Salat. Zum Schluß schütten wir noch ein Gläschen Feuerwasser (am besten schmeckt Cointreau, ein französischer Orangenlikör) über das Obst und streuen gehackte Mandeln oder Nüsse darüber. Wir vermischen alles miteinander und füllen den Salat in eine Glasschale.

Den Obstsalat lassen wir an kühler Stelle etwa 1 Stunde zugedeckt durchziehen, bevor wir ihn mit steif geschlagener, gezuckerter Sahne und Waffelröllchen servieren.

11

Ich hab' so  oo Hunger!

Nach dem Fußballspielen oder nach dem Skifahren, nach langem Wandern und nach dem Schlittschuhlaufen oder dem Schwimmen, manchmal aber auch sogar aus heiterem Himmel passiert es: der Magen macht komische Bewegungen und Geräusche, er arbeitet und knurrt – und man glaubt, er ist ganz leer ... Mutti, ich hab' sooo Hunger!

Ja, dagegen gibt's nur ein einziges Heilmittel: Essen! Und wenn Mutter nicht gleich Zeit hat, dann müssen wir uns die Medizin gegen unseren Hungeranfall eben selber zubereiten: schnell soll's gehen und herzhaft muß es sein, hübsch aussehen soll es außerdem, weil hübsch immer besser schmeckt als häßlich, zuviel darf es auch nicht sein, weil sonst kein Appetit mehr übrigbleibt für das Mittag- oder Abendessen.

Ein saftiges Brotzeitbrot schmeckt frisch und kräftig. Schaut Euch die Rezepte auf den folgenden Seiten an – und die Zeichnungen dazu. Wem läuft da nicht das Wasser im Mund zusammen – selbst wenn er keinen sooo großen Hunger hat! Wir haben Euch 5 Rezepte für eine bunte Brotzeit zusammengestellt; die Zeichnungen geben Euch ein Beispiel, wie die Zutaten auf dem Brot verteilt werden können.

Zuerst legen wir je nach Appetit ein oder zwei Scheiben Schwarzbrot nebeneinander auf den Teller und bestreichen sie dünn mit Butter, Margarine oder Mayonnaise. Dann verteilen wir alle anderen angegebenen Zutaten in bunter Reihenfolge auf den Broten. Natürlich müßt Ihr das nicht ganz genauso machen, wie es auf der Zeichnung zu sehen ist. Wem etwas Lustigeres und Hübscheres einfällt, der soll sein Brot so basteln, wie es ihm gefällt.

Vielleicht probiert Ihr gleich einmal eins aus? Nur so zur Übung, damit es beim nächsten Hungeranfall ganz schnell geht.

Bunte Brotzeit Nr. 1

Zutaten (1 Portion)
1–2 Scheiben Schwarzbrot
Butter zum Bestreichen
3 Salatblätter
2 Eßlöffel Fleischsalat aus dem Laden
6 Salzstangen
1 Zwiebelring
3–4 Scheiben Salami
2 Scheiben Emmentaler
Paprikapulver
2 Eßlöffel Kräuterquark aus dem Laden
1 Ei, hart gekocht
Mayonnaise aus der Tube
1 Tomate

Zubehör
1 großes Küchenbrett
1 Messer
1 Teelöffel

Bunte Brotzeit Nr. 2

Zutaten (1 Portion)
2 Scheiben Weißbrot
Butter zum Bestreichen
1 Scheibe gekochter Schinken
6 Stangen Spargel, gut abgetropft aus der kleinen Dose
Mayonnaise aus der Tube
2 Salatblätter
4 Radieschen
1 Ei, hart gekocht, in Scheiben
3 Scheiben gekochte Zunge
2 Teelöffel Tomatenketchup
3 Eßlöffel Quark-Käse-Mischung aus 2 Eßlöffel Quark und 1 Eßlöffel Roquefort

Zubehör
1 großes Küchenbrett
1 Messer
1 Gabel für die Käsemischung
1 Teelöffel

Bunte Brotzeit Nr. 3

Zutaten (1 Portion)
1–2 Scheiben Brot
Butter zum Bestreichen
1 Stange Chicoree (Blätter einzeln waschen und verwenden)
2 Eßlöffel Geflügelsalat aus dem Laden
krause Petersilie oder Brunnenkresse
2 halbe Dosenbirnen, abgetropft
1 Eßlöffel Frischkäsekrem
1 Teelöffel Preiselbeeren oder Johannisbeergelee
1 Ei, hart gekocht, in Scheiben, mit Mayonnaise aus der Tube verziert
3 Scheiben Roastbeef oder
4–5 Scheiben Cervelatwurst
2 Eßlöffel Schnittlauchmayonnaise aus
1 Löffel Salatmayonnaise und
1 Löffel Schnittlauchröllchen

Zubehör
1 großes Küchenbrett
1 Messer
1 Eßlöffel
1 Teelöffel

Bunte Brotzeit Nr. 4

Zutaten (1 Portion)
1 – 2 Scheiben Schwarzbrot
Mayonnaise zum Bestreichen
1 Salatblatt
2 Ölsardinen abgetropft und halbiert, verziert mit Mayonnaise aus der Tube
1 Teelöffel falscher Kaviar
1 bis 2 Tomaten in Scheiben
1 Eßlöffel Zwiebelwürfel
1 Messerspitze Salz und Pfeffer
3 Senfgurken
3 Eßlöffel Kräuterquark aus dem Laden
1 Portion gehackte Eier aus einem hartgekochten, in Würfel geschnittenen Ei, 1 Teelöffel Mayonnaise, je 1 Messerspitze Salz, Pfeffer, Paprikapulver und Senf (mit dem Teelöffel verrühren)

Zubehör
1 großes Küchenbrett
1 Messer
1 Teelöffel
1 Eßlöffel
1 Schüssel für die gehackten Eier
1 Eiteiler

Bunte Brotzeit Nr. 5

Zutaten (1 Portion)
1–2 Scheiben Schwarzbrot
Butter zum Bestreichen
1 Salatblatt
3 Eßlöffel Kräuterquark, fertig gekauft, mit zerbrochenen Salzstangen besteckt
Pfefferkörner
3 Salamitüten oder -scheiben
2 Scheiben Edamer, verziert mit 3–4 Salzbrezeln
2 Scheiben gekochter, abgetropfter Sellerie mit je einem Teelöffel Mayonnaise bestrichen, belegt mit je einer Scheibe rohem Schinken, mit einem Teelöffel gehackten Nüssen verziert
1 Salatblatt
3 Eßlöffel Möhrenrohkost aus dem Glas

Zubehör
1 großes Küchenbrett
1 Messer
1 Eßlöffel
1 Teelöffel

Tartarenbissen

Nach 2 Stunden Fußballspiel ist der deftige Tartarenbissen gerade richtig. Er kann schnell zubereitet werden, damit Ihr nicht verhungert. Am besten kauft Ihr gleich auf dem Weg nach Hause 100 g Tartar.

Zutaten (1 Portion)
100 g Tartar (das ist Gehacktes aus Rinderfilet)
1 Teelöffel Zwiebelwürfel
1 Eßlöffel Tomatenmark aus der Tube
½ Teelöffel Salz
1 Messerspitze Pfeffer
1 Eßlöffel gehackte Petersilie
1 Teelöffel Margarine
1 Eigelb
Dazu: Weiß- oder Schwarzbrot oder ein Rest Bratkartoffeln

Zubehör
1 Schüssel
1 Gabel
1 Küchenbrett
1 Messer
1 Küchenschere
1 Pfanne
1 Wender oder – am besten
1 Toaster

Das Tartar geben wir in eine Schüssel, schneiden eine kleine Zwiebel auseinander, schälen aber nur eine Hälfte, schneiden sie in Würfelchen und schütten sie zum Tartar (die andere Zwiebelhälfte heben wir auf). Tomatenmark, Salz und Pfeffer fügen wir dazu und schneiden gewaschene Petersilie darüber. Alles miteinander mischen und abschmecken!

Jetzt zerlassen wir bei guter Mittelhitze etwas Margarine in der Pfanne, legen das Tartar hinein und lassen es unter Rühren leicht schmoren. Dann kommt die Masse zurück in die Schüssel und wird noch mit einem Eigelb vermischt. Das machen wir mit der Gabel.

Zum Schluß rösten oder toasten wir zwei Scheiben Weiß- oder Graubrot, schichten das Tartar darauf – und fertig ist unser »ich-hab'-sooo-Hunger-Brot«.

Wer nicht knapp vor dem Hungertod steht und noch einige Minuten Zeit zum Kochen hat, macht sich

Rühreier mit Speck

Zutaten (1 Portion)
50 g geräucherter Schinkenspeck in dünnen Scheiben
2 Eier
1 Messerspitze Salz
2–3 Teelöffel Milch
1 Eßlöffel Schnittlauch

Zubehör
1 Küchenbrett
1 Messer
1 Tasse für die Eier
1 hoher Becher
1 Gabel
1 Küchenschere
1 Pfanne
1 Wender (auch Bratschaufel genannt)

Von den Speckscheiben schneiden wir die dünne Schwarte weg, den Speck selbst schneiden wir in dünne Streifchen. Die Schinkenspeckstreifen geben wir in eine Pfanne und braten sie bei guter Mittelhitze in etwa 5 Minuten zu hellgelber Farbe.

Inzwischen schlagen wir die Eier auf und schütten sie in den Becher. Mit der Gabel verschlagen wir die Eier mit Salz, Milch und etwa 1 Eßlöffel voll Schnittlauchröllchen. Die verrührten Eier gießen wir über den Speck in der Pfanne und lassen alles unter gelegentlichem Wenden festwerden.

Das fertige Rührei häufeln wir auf eine große Scheibe Bauernbrot oder wir essen es mit der Gabel und beißen dazu vom Brot ab. Gegen den Durst gibt's ein Glas Apfelsaft dazu.

12

Der Kaspar der war

kugel

rund

Früher durfte auf keinem Tisch in gutem Hause die Suppe fehlen. Aber mit der Suppe war das von jeher so eine Geschichte: Die einen essen sie leidenschaftlich gerne, andere mögen sie gar nicht, obwohl eine Suppe kräftig ist, nahrhaft und leicht verdaulich.

1847 schrieb der Arzt Hoffmann für seine kleinen Patienten ein berühmtes Buch: Den ›Struwwelpeter‹. Darin kommt die Geschichte vom Suppenkaspar vor. »Der Kaspar, der war kerngesund, ein dicker Bub und kugelrund.« Dann aber geht die traurige Geschichte weiter: »Doch plötzlich fing er an zu schrei'n, ich esse keine Suppe! Nein! Ich esse meine Suppe nicht! Nein, meine Suppe eß' ich nicht!« Ja, und wie Ihr vielleicht wißt, wog er dann am vierten Tage nur noch ein halbes Lot (das sind etwa 9 Gramm) und war am fünften Tage tot.

Freilich, nicht jeder, der keine Suppe ißt, stirbt deswegen; außerdem will zwar heute jeder gesund, aber keiner mehr so kugelrund sein, wie der Kaspar war. Eines ist natürlich zu bedenken: Wer niemals Suppe ißt, wird auch nie wissen, wie köstlich eine leckere Suppe schmeckt.

Und weil wir uns den Kaspar des Doktor Hoffmann nicht zum Vorbild nehmen wollen, probieren wir gleich einmal Hühnersuppe mit Nudeln.

Hühnersuppe mit Nudeln

Zutaten (2–3 Portionen)
1 große Dose Hühnersuppe
125 g Spätzle oder Fadennudeln
½ Teelöffel Salz
1 Teelöffel gehackte Petersilie

Zubehör
1 hoher, großer Suppentopf
1 Wender (auch Bratschaufel genannt)
1 Dosenöffner

Stellt Euch mal vor, wie es früher war: Huhn schlachten, rupfen, ausnehmen, waschen, kochen, zerlegen. Und heute geht's so schnell und einfach: Wir öffnen die Dose mit der Hühnersuppe und gießen den Inhalt in den Topf. Die Suppe bringen wir langsam bei Mittelhitze zum Kochen, geben die Spätzle oder Fadennudeln dazu (wenn der Koch sich nicht entscheiden kann, solltet Ihr ganz demokratisch darüber abstimmen), und lassen alles bei schwacher Hitze nur noch garziehen. Die Suppe ist fertig, wenn die Nudeln schön weich sind. Wir schmecken mit etwas Salz ab; ganz zum Schluß kommt die Petersilie in die Hühnersuppe.

Nun füllen wir die Suppe mit dem Schöpflöffel in eine warmgestellte Terrine (Suppenschüssel) und servieren sie ganz heiß. Gerade Hühnersuppe schmeckt heiß am allerbesten.

Als Nachtisch können wir einen Bratapfel reichen oder, für die Leckermäuler, eine dicke Scheibe vom »Karierten Affen« (Rezept siehe Seite 41).

Kartoffelkremsuppe mit Schinken

Zutaten (4 Portionen)
1/2 kg Kartoffeln
1 Liter Fleischbrühe oder
1 Liter Wasser mit zwei Brühwürfeln
150 g magere, gekochte Schinkenscheiben
1/2 Teelöffel Salz
1 Prise Pfeffer und Muskat
2 Messerspitzen Majoran
1 Eigelb
1 Eßlöffel saure Sahne
1 Eßlöffel Butter
1/2 Bund Petersilie
und für Käsefreunde
2 Eßlöffel Parmesankäse

Zubehör
2 Suppentöpfe
1 Küchenmesser
1 Sieb mit Rührlöffel oder
1 Kartoffelpresse
1 Wender (auch Bratschaufel genannt)
1 Küchenbrett
1 kleine Schüssel
1 Gabel
1 Küchenschere

Kartoffelsuppe ist eigentlich eine richtige Herbstsuppe; sie schmeckt am besten, wenn sie aus nicht zu jungen, aber auch nicht zu lang gelagerten Kartoffeln gekocht wird.

Wir waschen die Kartoffeln, schälen sie dünn und schneiden sie in kleine Würfel. Dann füllen wir Wasser und Brühwürfel (oder die Fleischbrühe) mit den Kartoffelstückchen in einen Suppentopf, stellen ihn auf den Herd und bringen die Suppe bei starker Hitze zum Kochen. Sobald sie kocht, schalten wir auf schwache Hitze zurück und lassen die Kartoffeln in etwa 15 Minuten garziehen. Wenn die Kartoffeln weich sind, hängen wir das Sieb in den zweiten, leeren Topf und gießen aus dem ersten Topf die Suppe in das Sieb. Mit dem Rührlöffel passieren wir die Kartoffelstückchen durch das Sieb, kratzen alles, was noch am Sieb hängt, mit dem Messer ab und geben es in die Suppe. Wir stellen sie zurück auf den Herd, damit sie bei schwacher Hitze wieder heiß werden kann.

Der Schinken wird in kleine Würfel geschnitten und in die

Suppe eingerührt. Dann schlagen wir ein Ei auf, trennen Eigelb und Eiklar, verquirlen in dem Schüsselchen das Eigelb mit der Sahne und verrühren das Gemisch in der Suppe. Zum Schluß lassen wir noch die Butter in der Suppe zergehen und schmecken mit Salz, Muskat und Majoran ab.

Die heiße Suppe füllen wir in eine vorgewärmte Terrine (Suppenschüssel) und bestreuen sie vor dem Servieren mit kleingeschnittener Petersilie.

Da kann selbst der Suppenkaspar nicht mehr widerstehen.

Zu den bekanntesten und würzigsten Suppen gehört die

Französische Zwiebelsuppe

Zutaten (4 Portionen)
250 g Zwiebeln
50 g Butter
1 Liter heiße Fleischbrühe oder 1 Liter Wasser und 2 Brühwürfel
1 Glas Weißwein
½ Teelöffel Salz
1 Messerspitze Pfeffer
4 Scheiben getoastetes Weißbrot
Butter zum Bestreichen
150 g geriebener Emmentaler oder 4 Scheiben Tilsiter (würziger) oder 2 Camemberts (milder)

Zubehör
1 Topf
1 Topf mit Stiel (auch Kasserolle genannt)
1 großes Brett für die Zwiebeln
1 Küchenmesser
1 Wender (auch Bratschaufel genannt)
4 große, feuerfeste Suppentassen
1 Toaster

Zuerst toasten wir gleich die vier Scheiben Weißbrot und legen sie uns für später zurecht. Dann schälen wir die Zwiebeln und schneiden sie in dünne Ringe. In einem Topf erhitzen wir nun die Fleischbrühe oder das Wasser mit den Brühwürfeln. Nun lassen wir in einem großen Stieltopf die Butter zergehen, fügen die

Zwiebelringe dazu und lassen sie bei Mittelhitze schmoren. Die Zwiebeln müssen wir immer wieder wenden, damit sie rundherum goldbraun werden, aber ja nicht anbrennen. Jetzt schütten wir die kochend heiße Fleischbrühe zu den Zwiebeln, rühren um, schmecken mit Salz und wenig Pfeffer ab und lassen das Ganze bei schwacher Hitze noch etwa 10 Minuten halb zugedeckt kochen.

Während die Suppe kocht, heizen wir den Backofen vor: 225 Grad Elektroherd, Stufe 4 Gasherd.

In 4 feuerfeste, große Suppentassen verteilen wir gleichmäßig die fertige Suppe mit dem Schöpflöffel. Bitte paßt auf, daß auch die Zwiebeln gleichmäßig verteilt werden. Nun schütten wir in jede Tasse 2 Eßlöffel Weißwein, legen auf die Suppe in den Tassen je 1 Scheibe von dem getoasteten, dünn mit Butter bestrichenen Weißbrot und bestreuen das Brot dick mit dem geriebenen Emmentaler. Wer Suppe lieber würziger mag, nimmt statt des Emmentalers eine Scheibe Tilsiter, wer mehr für mild ist, belegt die Weißbrotscheiben dicht mit Camembert-Streifen.

Auf dem Backblech oder auf dem Rost werden die Suppentassen auf mittlere Höhe in den Backofen geschoben. Dort werden sie überbacken, bis der Käse goldgelb geworden ist und Blasen wirft.

Zwiebelsuppe kommt direkt vom Backofen auf den Tisch. Sie muß ganz heiß gegessen werden. Nehmt zum Servieren zwei Topflappen, und paßt auf, daß Ihr Euch nicht verbrennt; die Tassen sind sehr heiß.

Es gibt nicht nur salzige, sondern auch süße Suppen. Und wer da anfängt, die Nase kraus zu ziehen, der soll erst mal eine probieren.

Obst-Kaltschale

Zutaten (4 Portionen)
500 g Obst
(wir nehmen je nach Appetit Himbeeren, Stachelbeeren, Erdbeeren, Rhabarber, Äpfel oder Aprikosen)
1 Liter Wasser
100–150 g Zucker, je nach Obstart
1 Päckchen Vanillezucker
30 g Speisestärke (Gustin oder Mondamin) oder 40 g Sago
1 Eßlöffel Zitronensaft
Suppenmakronen

Zubehör
2 Suppentöpfe (nicht aus Aluminium)
1 Sieb
1 Rührlöffel
1 Schneebesen

Je nach der Obstsorte, die wir gewählt haben, bereiten wir das Obst zum Kochen vor: Zuerst waschen; Himbeeren, Stachelbeeren oder Erdbeeren entstielen, Rhabarber in 2–3 cm lange Stücke schneiden, Aprikosen entsteinen, Äpfel schälen und würfeln.

Dann bringen wir in einem Topf das Wasser (Achtung: bei Rhabarber nur ¾ l Wasser nehmen, weil Rhabarber selbst sehr wasserreich ist) mit dem Obst, dem Zucker und dem Vanillezucker bei starker Hitze zum Kochen. Wenn das Wasser sprudelt, schalten wir auf schwache Hitze zurück und lassen das Obst etwa 10 Minuten weich kochen. Nun wird die Suppe in das Sieb über dem zweiten Topf geschüttet und mit dem Rührlöffel das Obst passiert. Mit dem Messer kratzen wir das hängengebliebene Obst vom Sieb und streifen es in die Suppe. Den Topf stellen wir auf den Herd, wo die Suppe bei schwacher Hitze wieder zum Kochen kommen soll.

Inzwischen rühren wir in einer Tasse die Speisestärke in 3–4 Eßlöffel kaltem Wasser an und gießen sie unter kräftigem Rühren in die kochende Suppe. Sago streuen wir trocken ein. Dann lassen wir die Suppe einmal aufkochen (wer Sago genommen hat, muß ihn etwa 10 Minuten ohne Hitze quellen lassen) und schmecken mit Zitronensaft ab. Zum Schluß lassen wir die Suppe etwas abkühlen, gießen sie vorsichtig in die Terrine und stellen sie im Wasserbad kalt. Die kalte Suppe servieren wir mit Suppenmakrönchen.

Wer will, kann dazu gezuckerte Milch trinken.

Unser nächstes Suppenrezept ist ein Gaumenschmaus aus Äpfeln und Tomaten.

Apfel-Tomaten-Suppe

Zutaten (4 Portionen)

3/4 Liter Fleischbrühe aus
1 1/2 Brühwürfeln
30 g Margarine
40 g Mehl
3 Eßlöffel Tomatenmark
(1 kleine Dose)
1/2 Teelöffel Salz
1 Messerspitze Pfeffer und
geriebener Knoblauch
2 Äpfel
1 Eßlöffel Margarine
1/8 Liter saure Sahne
1 Bund Schnittlauch

Zubehör

1 Topf mit Stiel (Kasserolle)
für die Brühe
1 Suppentopf
1 Schneebesen
1 Messer
1 Wender (auch Bratschaufel
genannt)
1 Küchenbrett
1 Küchenschere

In den Stieltopf gießen wir das Wasser, geben die Brühwürfel hinein und bringen die Brühe bei starker Hitze zum Kochen. Dann rühren wir einige Male kräftig um und stellen den Topf vom Herd.

Im Suppentopf bereiten wir jetzt eine Mehlschwitze oder Einbrenne: Bei guter Mittelhitze lassen wir das Fett zergehen, stäuben das Mehl dazu und rühren mit dem Kochlöffel kräftig, bis die Mehlschwitze Blasen wirft. Dann fügen wir unter weiterem Rühren das Tomatenmark zu. Nun nehmen wir den Suppentopf vom Herd, gießen mit der linken Hand langsam und vorsichtig von der Seite her die Fleischbrühe dazu und schlagen mit der rechten kräftig mit dem Schneebesen. Nur wer wirklich schlägt, bekommt eine klümpchenfreie Suppe. Jetzt stellen wir den Topf mit der Suppe zurück auf den Herd, lassen unter Rühren noch einmal aufkochen und schalten die Hitze aus.

Die Äpfel (sie sollten möglichst sauer sein) werden geschält und in Viertel geteilt. Das Kernhaus schneiden wir heraus und raffeln die Apfelstücke auf einer groben Reibe. In dem Stieltopf, den wir für die Brühe verwendet hatten, dünsten wir nun die geriebenen Äpfel zu Mus. Dabei rühren wir ab und zu um. Das Apfelmus mischen wir unter die Tomatensuppe.

Zum Schluß schmecken wir noch mit Salz ab und verteilen die Suppe in die Suppenteller. Nun setzen wir noch schön in die Mitte eines jeden Tellers einen Eßlöffel voll saure Sahne und streuen kleingeschnittenen Schnittlauch darüber.

Und wenn Ihr noch so ungläubig dreinschaut:

Am allerbesten schmeckt nach dieser Suppe Apfelkuchen mit Schlagsahne …

Die Schweizer haben für Heidel- oder Blaubeeren eine Art Kosenamen; sie nennen sie »Heiti«.

Der Heitisturm ist eigentlich gar keine echte Suppe, aber er wird in der Schweiz zu den Kaltschalen (also zu den kalten Suppen) gerechnet und von Schweizer Kindern leidenschaftlich gern gegessen.

Heitisturm

Zutaten (4–6 Portionen)
1 kg verlesene Blaubeeren
150 g Zucker
100 g Weißbrotwürfelchen
40 g Butter
1/4 Liter Milch
Zucker und Zimt zum Bestreuen

Zubehör
1 Küchenmesser
1 Sieb
1 hohe Schüssel
1 Handrührgerät oder
1 Mixer
1 Pfanne
1 Wender (auch Bratschaufel genannt)

Die verlesenen (von Blättern und Stielen befreiten), im Sieb abgebrausten und abgetropften Heidelbeeren füllen wir in die hohe Schüssel (oder den Mixer), geben Zucker dazu und verrühren alles mit dem Handrührgerät oder im Mixer zu Mus.

Dann schneiden wir die Weißbrotscheiben in Würfel, lassen die Butter in der Pfanne bei mittlerer Hitze heiß werden und braten die Weißbrotwürfel darin goldbraun.

Wer den Mixer verwendet hat, gießt das Heidelbeermus jetzt in die Schüssel. Über das Mus schütten wir die Brotwürfel und gießen kalte Milch darüber. Dann rühren wir alles einmal durch, bestreuen den Heitisturm mit Zucker und Zimt und tragen ihn auf.

13

Kochen wie Old Shatterhand

Wer den beißenden Rauch des Lagerfeuers liebt und nicht zu faul ist, vor dem Kochen einen Haufen trockenen Holzes zu suchen, der kommt mit uns, den wilden Bison der Prärie zu jagen, in der Glut des Feuers die saftigen Büffellenden zu braten und den Trappern und Scouts zuzuhören, die von ihren Heldentaten erzählen. Habt Ihr keinen erfahrenen Westmann in der Familie, der uns Greenhorns begleitet? Vielleicht Vater? Ausnahmsweise nehmen wir sogar eine Squaw mit ans Lagerfeuer – wenn sie zu unserem Stamm gehört und das Leben der Wildnis nicht fürchtet. Also gut, brechen wir auf!

Die Büffel sind selten geworden, und die Ranchers werden böse, wenn man Kartoffeln oder Tomaten und Mais von den Feldern holt. Was wir brauchen, kaufen wir lieber in den Läden der Bleichgesichter oder nehmen es aus unserem Wigwam mit: Würstchen und Fleisch – alles, was sich grillen läßt, Öl, Alufolie, ein scharfes Taschenmesser, Salz und Pfeffer nicht vergessen, einen großen Topf und eine Pfanne, beides mit Deckel – je dicker der Topfboden, desto besser. Einen Teller, eine Tasse für jeden und einen Löffel, Brot, Tomaten, Kartoffeln, Maiskolben – was uns einfällt und was uns schmeckt. Bohnen in Dosen, Eier, eine Mundharmonika, Erbsensuppe, einen Schöpf- und einen Kochlöffel, vielleicht sogar einen Kanister mit sauberem Wasser. Apfelsaft oder Limonade gegen den Durst – und Zündhölzer zum Feuermachen. Und noch etwas brauchen wir: einen großen Sack oder ein paar Tüten, um die Reste und Abfälle wieder mit zurück in unseren Wigwam zu nehmen. Die Prärie soll sauber bleiben!

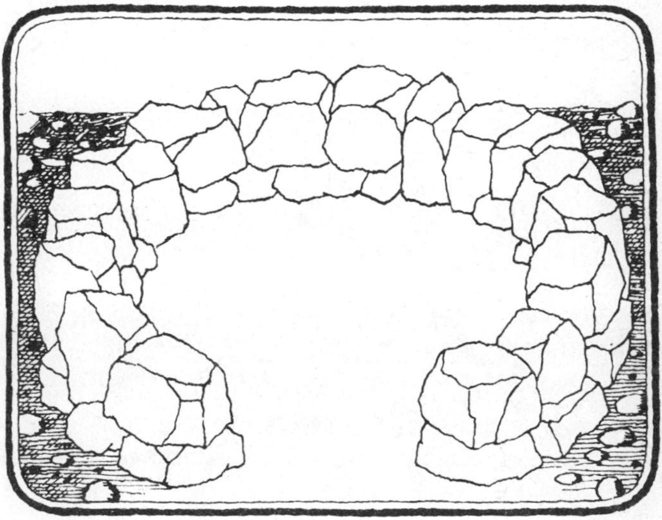

Ob uns Häuptling Grollender Donner wohl in seinem »Planwagen« zum Lagerfeuer bringt? Vielleicht im Tausch gegen eine Zwei in Englisch oder Mathematik?

Der große Manitou mag es nicht, wenn seine Wälder verbrennen. Wo zünden wir unser Lagerfeuer an? – Sicher findet Ihr eine Kies- oder Sandgrube, eine Sandkuhle in der Heide, eine Kiesbank irgendwo am Ufer eines Baches oder eines kleinen Flusses. Allgemein verboten ist das Feuermachen an »bewohnten

Orten« und überall dort, wo Feuergefahr besteht: also in Wäldern, in der Nähe von Strohmieten oder dort, wo viel dürres Gras Feuer fangen kann. Daran müßt Ihr Euch halten, sonst gibt es ernsten Ärger mit dem Sheriff.

Wie wird ein zünftiges Lagerfeuer angezündet und am Brennen gehalten? Da helfen wir zusammen: Die Kleineren von uns bauen aus möglichst großen Steinen einen »Wall« von etwa zwei Handbreit Höhe und einem Schritt Durchmesser. In der Richtung, aus der der Wind kommt, lassen wir ein »Tor« im Wall, so wie Ihr's auf der Zeichnung seht.

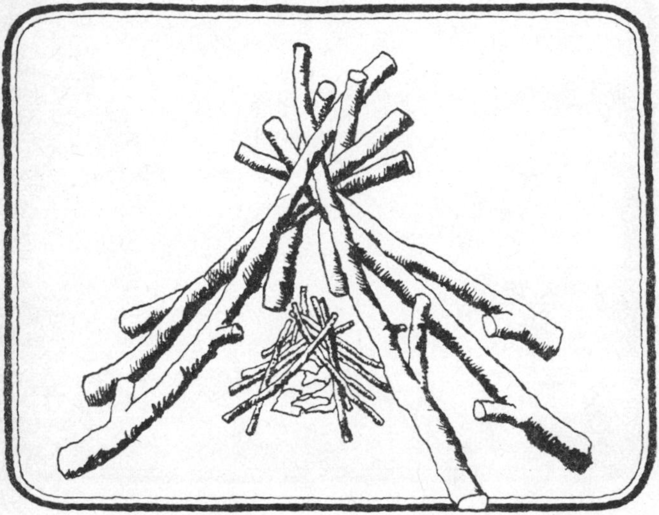

Inzwischen ziehen die Größeren los und sammeln Holz: einen Arm voll dürrer Reiser und, je nachdem, wie lange das Lagerfeuer brennen soll, einen entsprechend großen Haufen trockener Äste, so dick, daß wir sie gerade noch brechen können. (Wer nach 8 Tagen Regenwetter ein Lagerfeuer anzünden will, darf sich nicht wundern, wenn er kein trockenes Holz findet.)

In die Mitte des Walls legen wir einen locker zusammengeknüllten Papierknäuel, bauen aus den Reisern eine kleine Pyramide darüber und aus den Ästen eine kleine Pyramide über die Reiser. Erfahrene Trapper bringen ihr Feuer auch ohne Papier zum Brennen: über dürres Gras schichten sie feine Reisigästchen und trockene Rinde und legen darüber größeres Reisig. Zwischen den Ästen müssen Lücken bleiben, damit unser Feuer Luft bekommt.

Der große Augenblick ist da! Mit zwei Zündhölzern zünden wir das Papier oder das Gras an. Wenn wir alles richtig gemacht haben und das Holz einigermaßen trocken war, brennt in fünf Minuten ein lustiges Feuer! (Solange das Feuer brennt oder auch nur glimmt, muß ständig einer am Lagerfeuer bleiben. Das ist wichtig!)

Jetzt kommt es darauf an, ob wir »nur« grillen oder auch kochen wollen!

Zum Grillen lassen wir das Feuer herunterbrennen, bis es zur Glut wird, aus der nur noch da und dort kleine Flämmchen züngeln. Inzwischen schneiden wir mit dem Taschenmesser für jeden einen frischen Stecken (Haselnuß, Birke, Erle, Esche; *kein* Holunder, *keine* Weide), etwa 160 cm lang und am unteren Ende 2 cm dick. Vom dünnen Ende schälen wir die Rinde ab und schnitzen es 15 cm lang auf ½–1 cm Dicke zu; ganz vorne brauchen wir eine richtige Spitze.

Schon kann's losgehen:

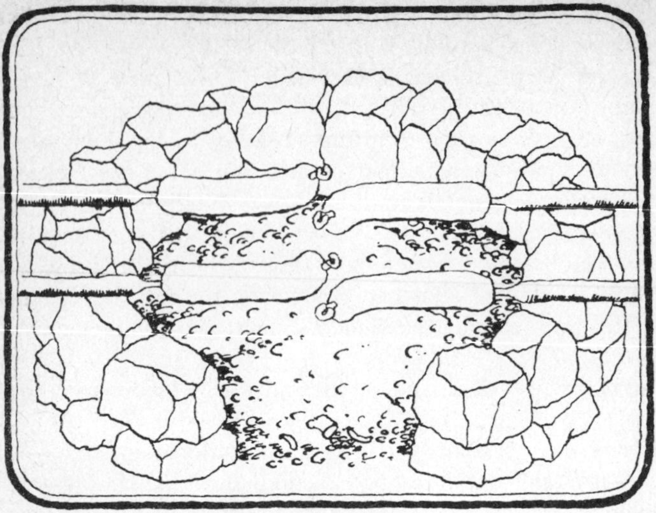

Würstchen à la Winnetou

Unsere Würstchen (Pfälzer, Regensburger, Schweinswürstl, alle Arten von großen Bratwürsten) spießen wir vorsichtig *der Länge nach* bis etwa 2/3 auf den »Bratspieß«. Dann legen wir den Spieß so auf den Steinwall, daß die Würstchen dicht über der Glut sitzen und wir von außen bequem den Spieß drehen können. Das sieht dann so aus:

Die Würstchen sind fertig, wenn sie außen rundum eine knusprige Kruste haben.

Natürlich können wir auch ein echtes

Prärie-Schaschlik

grillen. Wir spießen abwechselnd etwa 1 cm dicke Scheiben (etwa 5 cm Durchmesser) Schweine- oder Rinderfilet, Lende oder falsches Filet, dünne Speckschnitten, Essiggurken, roten Paprika aus dem Glas, Wurststückchen, wer mag, auch Leberstücke – oder Leberkäs – auf den Spieß, bis er voll ist (natürlich nur die Spitze!).

Gegrillt wird das Prärie-Schaschlik wie die Würstchen; es braucht nur etwas länger.

Für die Würstchen und Prärie-Schaschliks braucht man *kein* Fett! Am Lagerfeuer gegrillte Speisen bekommen durch das Holz einen herzhaften Geschmack, deshalb schmecken die Würstchen ohne Senf und Würze am besten: auch für das Schaschlik nehmen wir weniger Salz und Pfeffer als beim Grillen auf dem Holzkohlengrill. Wir würzen am Lagerfeuer erst *nach* dem Grillen!

Wer mag, kann als Zuspeise

(Green Extras)

gleich zu Beginn, wenn das Feuer noch richtig brennt, Tomaten, kleine Maiskolben oder Kartoffeln vorbereiten:

Tomaten und entblätterte Maiskolben wickeln wir in Alufolie; Kartoffeln legen wir ohne Folie in die Glut. Je nach Größe ist die Zuspeise in 10–20 Minuten gar. Wir holen sie mit einem Stecken aus der Glut, lassen sie ein wenig abkühlen und wickeln sie dann aus der Folie. Ihr werdet sehen, daß man für die Tomaten kein Salz braucht, die Maiskolben bestreichen wir mit Butter, bestreuen sie ein wenig mit Salz und nagen die Körner ab.

Wenn die Kartoffeln außen eine dicke verkohlte Kruste haben, können wir sie auseinanderbrechen und das Innere mit dem Löffel aus der Kruste essen.

Nun noch ein Tip für die ganz bequemen unter Euch, oder für die, die keine komplette Ausrüstung dabei haben, sondern »gerade so unterwegs sind«: ein Fleischstück (darf ruhig ein bißchen Fett dran sein) mit dem Taschenmesser zerteilen, jeweils ein kleines Stück einfach so auf einen »Spieß« stecken und über der Glut braten – fertig ist ein köstlicher Happen für Fleischkatzen oder müde Trapper.

Wenn im Herbst die Nebel über die Prärie ziehen, wenn der Bussard nach den frierenden Mäusen Ausschau hält – dann wärmt sich der echte Westmann den Magen lieber am Lagerfeuer als im muffigen Saloon.

Brot, Würstchen und Fleisch, Kartoffeln und Tomaten gibt es überall zu kaufen. Jeder einsame Tramp, jeder Trapper, der mit seiner Draht-Mary übers Land zieht und ein Messer, Zündhölzer und noch ein wenig Geld in der Tasche hat, kann sich seine kräftige warme Mahlzeit zubereiten, ganz ohne Topf und Pfanne.

Allmählich wird es Zeit zum Nachschüren. Dazu schichten wir auf die Glut erst eine Handvoll Reiser, blasen kräftig, bis die Reiser brennen, dann legen wir kreuzweise nicht allzu dicke trockene Aststücke ins Feuer. Nicht zu dicht, Feuer braucht Luft!

Kochen

Wenn wir auf unserem Treck einmal kochen oder in der Pfanne braten wollen, räumen wir die Glut mit einem dicken Ast an den hinteren Rand des Walles und legen innerhalb des Walls zwei große Steine so, daß der Topf oder die Pfanne gut auf Steinen und Wallrand über der Glut steht.

Dann schieben wir von den Seiten her dürre Äste in die Glut. Durch das Nachschieben der Äste können wir sogar die Hitze regulieren. Wer von Euch mag

Popcorn

Paßt das etwa nicht zum Lagerfeuer? Zum Popcorn brauchen wir viel Feuer!

Zutaten

1 gute halbe Tasse Öl
3/4 Tasse Puffmais
Butterflöckchen und
Salz

In unseren Topf mit Deckel geben wir das Öl und lassen es sehr heiß werden (Fettprobe!). Dann schütten wir den Puffmais in das heiße Öl, legen den Deckel gut auf und schütteln den Topf auf dem Feuer so lange, bis alle Maiskörner aufgesprungen sind. Vorsicht, Deckel auf dem Topf lassen; paßt auf, der Topf wird fast voll! Das fertige Popcorn verteilen wir in die Teller und salzen es.

Popcorn hilft nicht gegen ernsthaften Hunger! Für ein herzhaftes Abendessen am Lagerfeuer kochen wir

Navaho-Stew (Navajo-Eintopf)

Zutaten (6 Portionen für Hungrige)

3 Zehen Knoblauch
3 große Zwiebeln
4 große Kartoffeln
4 große Tomaten
1 Dose Schnittbohnen (etwa 600 g)
1 Tasse Öl
1 Teelöffel schwarzer Pfeffer
1 Teelöffel süßes Paprikapulver
300 g Hackfleisch (halb Schweinefleisch, halb Rindfleisch)
100 g gehackter Speck
½ Liter Wasser
2 Fleischbrühwürfel
½ Tasse Reis (oder besser noch)
½ Tasse Maismehl
6 Teelöffel Dillspitzen (trocken aus dem Glas)

Zubehör

1 großer Topf
1 Kochlöffel
1 Tasse
1 scharfes Messer

Zwiebel, Knoblauch und Kartoffeln schälen. Das Öl im Topf heiß werden lassen, den gehackten Speck und die in Scheiben geschnittenen Zwiebeln zugeben und braten lassen, bis Speck und Zwiebel glasig sind. Dabei rühren wir fleißig mit dem Kochlöffel um. Jetzt geben wir das Hackfleisch zu und wenden es so lange, bis es seine rote Farbe verloren hat und grau geworden ist. Nun schneiden wir die Tomaten in Stücke und geben sie mit den Bohnen aus der Dose in den Topf. Das Ganze muß unter Rühren etwa 5 Minuten kochen. Dann erst füllen wir den halben Liter Wasser zu, werfen die Brühwürfel in den Eintopf, schneiden die Kartoffeln in dünnen Scheiben in den Topf und geben noch den Reis oder das Maismehl dazu. Jetzt lassen wir alles unter öfterem Umrühren bei mittelstarkem Feuer kochen. Nach 10 Minuten schnipseln wir den Knoblauch in den Topf und würzen mit Pfeffer und Paprika. Wenn das Gericht zu dick wird, füllen wir noch ein wenig Wasser nach. Wir kochen nochmal 10 Minuten (rühren, rühren!), dann ist unser dicker Navaho-Stew fertig. Über jeden Teller voll streuen wir einen Teelöffel Dillspitzen.

Wenn wir noch Schwarzbrot dazu essen, werden auch sechs hungrige Mägen davon satt!

Und nun zum Schluß noch ein echtes Indianergericht aus Mexiko:

Jitomates con huevos

(Tomaten mit Ei)

Zutaten (4 Portionen)
4 mittelgroße reife Tomaten
4 Eier
4 Eßlöffel Öl
4 × 1/2 Teelöffel Salz
4 × 1 Prise Pfeffer
1 Teelöffel Oregano
4 Teelöffel geriebener Käse

Zubehör
1 Löffel
1 große Tasse
1 Pfanne mit Deckel
1 scharfes Taschenmesser

Die Tomaten waschen wir, schneiden oben einen »Hut« ab, schaben das Innere der Tomaten mit dem Löffel heraus und geben es in eine Tasse. Dann reiben wir die Tomatengehäuse mit Salz und Pfeffer aus, geben innen auf den Boden jeder Tomate eine Prise Oregano und füllen die Tomaten mit je einem frisch aufgeschlagenen Ei. Nun verrühren wir in der kalten Pfanne das Innere der Tomaten mit dem Öl und setzen die 4 gefüllten Tomaten zusammen in die Mitte der Pfanne. Dann kommt der Deckel auf die Pfanne und die Pfanne selbst auf das Feuer. Wenn Ihr die jitomates con huevos als Abschlußgericht zubereitet, könnt Ihr die Pfanne direkt auf die Holzkohlenglut stellen. 15–20 Minuten lang muß der Pfannendeckel zubleiben. Dann sind die Tomateneier fertig. Man überstreut sie mit Reibkäse und ißt sie direkt aus der

Pfanne mit Löffel oder Gabel. (Die Tomatenhaut ist am Boden der Pfanne angebrannt – das gehört dazu!)

Sicher fällt Euch selbst noch manches ein, was man am Lagerfeuer kochen und braten kann. Und wenn mal wirklich etwas ein bißchen komisch schmeckt, dann denkt daran: Ein echter Indianer läßt sich nichts anmerken!

Wenn wir alle satt und müde sind, sitzen wir noch ein wenig um das Feuer und träumen, schweigsam, wie Indianer und Cowboys sind. Vielleicht spielt einer auf der Mundharmonika ›O Susanna‹, oder den ›Jonny Brown‹ – wenn die anderen nicht allzuviel dagegen haben.

Ehe wir aufbrechen, schütten wir einen Topf voll Wasser über die Glut oder decken sie sorgfältig mit Steinen zu. Dann räumen wir Papier, Dosen, Eierschalen und was sonst noch herumliegt in die Tüten und verstauen sie in unserem »Planwagen«.

Yippi-ey-yeh – war das nicht ein schöner Tag, mein roter Bruder?

14

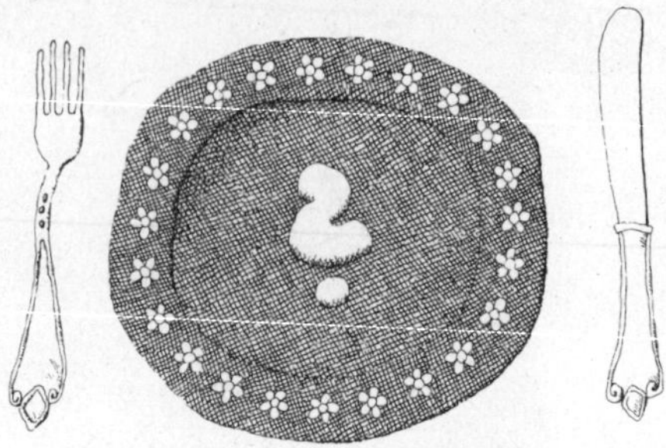

So kochen Yvonne und Giovanni

Andere Länder – andere Sitten, andere Küchen und anderes Essen.

Das soll uns nicht wundern; schon in unserem eigenen Land unterscheiden sich die Landstriche in ihrem Klima und ihren Eßgewohnheiten – und Europa reicht von der polaren Klimazone im Norden bis zur subtropischen im Süden.

Während nördlich des Polarkreises die Nomaden fast ausschließlich vom Fleisch der Rentiere leben, wachsen auf den Inseln im Süden die Artischocken – bei uns ein teures Gemüse – wild auf den Wiesen, und auf den Bäumen die daumendicken Moura, die Maulbeeren.

Warum fahren wir in den Ferien so gern in fremde Länder? Sicher nicht der wildwachsenden Artischocken oder der Maulbeeren wegen. Und vielleicht nicht einmal deswegen, weil woanders alles schöner und besser ist – sondern einfach darum, weil es woanders – anders ist. Auf Delos scheint die Sonne anders als über Castrop-Rauxel, in Paris regnet es anders als in Kassel, und im

Engadin singt man andere Lieder als in der Lüneburger Heide. Alles klingt anders, lebt anders, riecht anders und schmeckt anders. Die Augen fangen an, eine neue Welt zu sehen, die Nase schnuppert einen neuen Sommer, Zunge und Gaumen schmecken neue, fremde Gerichte.

Erinnert Ihr Euch noch an die letzten Ferien, an den Duft der Suppe aus Pavia – der Zuppa Pavese, an die herzhaften provenzalischen Tomaten, an die würzigen Čevapčiči in Serbien oder an der dalmatinischen Küste? Wißt Ihr, wie köstlich in Wien die Nußnudeln schmecken?

Seht Euch die Rezepte an, die wir Euch ausgesucht haben. Und dann, wenn Ihr Lust habt – und die Zeit bis zu den nächsten Ferien allzu lang wird – fangt an zu kochen wie Yvonne und Giovanni; holt Euch ein bißchen Ferienduft in die Küche!

Aus Spanien

Sicher gibt es selbst unter Küchenkönigen solche, die noch nicht in Spanien waren. Ihnen sei verraten, daß man ein Land auch »andersherum« kennenlernen kann, ehe man es mit eigenen Augen sieht: Aus seinen köstlichen alten Geschichten, wie der von Don Quijote, aus seiner Musik (laßt Euch mal eine Schallplatte zum Geburtstag schenken) und ganz besonders aus der Eigenart seiner Küche.

Kocht doch mal ein spanisches Gericht! Ihr werdet sehen, das macht Appetit – auf Spanien.

Nach Valencia, der schönen, alten Stadt im Osten Spaniens, wurde dieser frische Sommersalat benannt.

Ensalada Valencia – Salat Valencia

Zutaten (4 Portionen)
1 Salatkopf
1 Bund Radieschen
1/2 spanische Zwiebel
(das sind die weniger scharfen violetten Zwiebeln)
3 hartgekochte Eier
250 g Tomaten
1 Gläschen Oliven, grün oder schwarz
1 Dose Thunfisch
1 Dose Ölsardinen

Dazu stellen wir auf den Tisch:
Olivenöl, Weinessig,
Pfeffermühle mit frischen Pfefferkörnern, Salz

Zubehör
1 Seiher (auch Durchschlag genannt)
1 großes Küchenbrett
1 scharfes Küchenmesser
1 Topf mit Stiel (Kasserolle)
1 Salatplatte
1 Dosenöffner
2 Gabeln

Vom Salatkopf entfernen wir die äußeren, welken Blätter. Die frischen zupfen wir in mundgerechte Stücke, die dicken Salatrippen schneiden wir klein.

Die Salatblätter waschen wir kurz, aber gründlich in kaltem Wasser. Während sie im Seiher abtropfen, waschen wir die Radieschen und schneiden sie in Scheiben. Dann schälen wir die halbe Zwiebel und schneiden sie auch in dünne Scheiben.

Auch die hartgekochten Eier (10 Minuten kochen, abschrecken, schälen) werden in Scheiben geschnitten. Nun waschen wir die Tomaten, schneiden den Stielansatz heraus und vierteln sie. Wir öffnen die Dosen mit Thunfisch und Ölsardinen, gießen das Öl weg und lassen den Fisch gut abtropfen. Nun legen wir eine große Platte mit den Salatblättern aus, verteilen – am besten mit zwei Gabeln – Ölsardinen und Thunfisch gleichmäßig darauf und richten mit Oliven, Tomatenvierteln, Eischeiben, Radieschen und Zwiebelringen eine bunte Platte an.

Essig und Öl, Salz und die Pfeffermühle mit Pfefferkörnern stellen wir auf den Tisch. So kann sich jeder – wie in Spanien – seine Portion Salat selber würzen und abschmecken.

Die spanische Küste ist ein bäuerlicher Landstrich. Dort wird von jeher ein köstlicher Eintopf gekocht und zu jeder Jahreszeit gerne gegessen.

Habas montanesas – Bauerneintopf

Zutaten (4 Portionen)
1 kg dicke, junge Bohnen
2 Liter Wasser
1 Teelöffel Salz
125 g Schinkenspeck
1 große, violette spanische Zwiebel
250 g Tomaten
2 Paprikaschoten
2 Knoblauchzehen
125 g roher Schinken
1 Bund Persilie
1/2 Teelöffel Pfeffer

Zubehör
1 Topf für die Bohnen
1 Sieb
1 Topf mit Stiel (auch Kasserolle genannt)
1 Wender (auch Bratschaufel genannt)
1 scharfes Küchenmesser
1 Küchenbrett
1 Küchenschere

Während das Wasser mit Salz in einem großen, flachen Topf bei starker Hitze zum Kochen kommt, lösen wir vorsichtig die Bohnen aus den Schalen, waschen sie und lassen sie im Salzwasser bei schwacher Hitze etwa 30 Minuten lang kochen. Die weich gekochten Bohnen geben wir in ein Sieb zum Abtropfen.

Jetzt schälen wir die große Zwiebel, halbieren sie und schneiden sie in Würfel (Zwiebelhälften auf die Schnittfläche legen, erst in einer Richtung von oben nach unten in Scheiben schneiden und dann quer. So zerfällt die Zwiebel in Würfel.) Die Tomaten überbrühen wir mit heißem Wasser und ziehen vorsichtig die Schalen ab. Die geschälten Tomaten vierteln wir. Die Paprikaschoten werden gewaschen und der Länge nach durchgeschnitten. Stiel, Samenstand und alles Weiße im Innern wird entfernt. Die Schoten schneiden wir in Würfel.

Auch der Schinkenspeck wird in Würfel geschnitten. Im Stieltopf braten wir die Speckwürfel bei guter Mittelhitze goldbraun, geben die Zwiebelwürfel zum Speck und dünsten sie (öfters umrühren), bis sie glasig sind. Jetzt kommen auch die Tomatenviertel, die Paprikaschoten und die zerquetschten Knoblauchzehen in den Topf und werden mit Speck und Zwiebeln verrührt. Dieses Gemüse muß jetzt etwa 15 Minuten lang dünsten.

Nun geben wir die weichen Bohnen aus dem Sieb zurück in den Topf, in dem wir sie gargekocht haben, und vermischen sie mit dem Gemüse aus dem Stieltopf. Dann fügen wir noch den in Würfel geschnittenen, rohen Schinken dazu und überstreuen alles mit viel kleingeschnittener Petersilie. Vor dem Servieren muß unser Eintopf noch etwa 10 Minuten bei ganz schwacher Hitze ziehen. Zu Habas montanesas schmeckt am besten frisches Brot.

Fast überall in Spanien wachsen Mandeln. Daraus bereiten die Spanier nicht nur ihr Nationalgetränk, die Mandelmilch, sondern auch zarte Mandelplätzchen.

Pastas de almendras – Mandelplätzchen

Zutaten
250 g Mandeln
200 g Puderzucker
2 Eßlöffel Rum
2 Eiklar
Fett für das Blech

Zubehör
1 Topf für die Mandeln
1 Schüssel für den Teig
1 Küchenmesser
1 Mandelmühle
1 Schneebesen
1 Backblech
1 Teelöffel

In dem Topf bringen wir etwa 2 Liter Wasser zum Kochen, nehmen ihn vom Herd und schütten die Mandeln in das kochende Wasser. Nach etwa einer halben Minute gießen wir das kochende Wasser ab und schrecken die Mandeln mit kaltem Wasser ab. Jetzt lassen sie sich leicht schälen. Zehn geschälte Mandeln legen wir zum Verzieren auf die Seite, die übrigen breiten wir auf Küchentücher oder Küchenkrepp zum Trocknen aus. Sobald die Mandeln getrocknet sind, drehen wir sie durch die Mandelmühle. Dann verkneten wir das Mandelmehl mit dem Puderzucker und dem Rum.

Mit dem Schneebesen schlagen wir die zwei Eiklar zu steifem Schnee und ziehen ihn vorsichtig unter die Mandelmasse.

Jetzt wird der Backofen vorgeheizt: Elektroherd 175 Grad, Gasherd Stufe 3.

Das Backblech bepinseln wir hauchdünn mit Margarine, stechen mit zwei feuchten Teelöffeln kleine Häufchen von der Mandelmasse ab und setzen sie auf das Blech. Die Häufchen werden beim Backen breiter, paßt also auf, daß zwischen den Häufchen auf dem Blech genügend Platz bleibt.

Bevor wir das Blech in den Ofen schieben, stecken wir in jedes Plätzchen oben eine halbe Mandel. Bei Einschubhöhe Mitte müssen die Pastas de almendras etwa 20 Minuten lang backen.

Die fertigen Plätzchen lösen wir schnell, aber vorsichtig vom Blech und lassen sie auf einem Gitterrost oder auf einem Küchentuch abkühlen.

Vom Balkan

Nicht in Berlin, ja nicht einmal in Rom begann die Geschichte und Vorgeschichte Europas, sondern im Südosten auf dem Balkan. Aus der Türkei und aus Griechenland, später aus Rom und Byzanz kamen über Italien und die nördlichen Balkanländer Lesen und Schreiben, Künste und Wissenschaften, und nicht zuletzt die Kultur des guten Essens zu uns. Vielleicht ist das auch einer der Gründe, warum wir im Urlaub so gern nach Süden fahren.

Aus Ungarn, dem Land der Pußta und des Paprika, stammt unser Rezept für

Kalbspörkölt – Kalbsgulasch

Zutaten (4 Portionen)
2 große Zwiebeln
1 Eßlöffel Schmalz
etwa 750 g Kalbsschulter
2 große, grüne Paprikaschoten
1 kleine Dose geschälte Tomaten
1 Teelöffel Salz
1 Eßlöffel Paprikapulver, edelsüß
etwa 1/4 Liter Wasser

Zubehör
1 Küchenbrett
1 Fleischmesser
1 flacher, breiter Bratentopf
1 Wender (auch Bratschaufel genannt)
1 Küchenmesser
1 Dosenöffner
1 Litermaß

Wir waschen die Kalbsschulter, trocknen sie ab und schneiden das Fleisch in Stückchen von etwa 3 cm Durchmesser. Die Paprikaschoten teilen wir der Länge nach, entfernen Stiel, Samenstand und alles Weiße. Die grünen Schoten schneiden wir in Würfel, ebenso die geschälte und halbierte Zwiebel.

Jetzt stellen wir den großen Topf auf den Herd, lassen das Schweineschmalz darin bei guter Mittelhitze heiß werden und braten die Zwiebelwürfel in dem heißen Schweineschmalz goldgelb. Dann geben wir das Fleisch und die Paprikawürfel zu den

Zwiebeln im Bratentopf. (Vorsicht, Schweineschmalz spritzt leicht!) Jetzt schütten wir die Tomaten aus der Dose dazu und würzen das Ganze mit dem Salz und dem Paprikapulver. Alles zusammen muß jetzt etwa 15 Minuten unter gelegentlichem Wenden kräftig brutzeln. Zuletzt gießen wir vorsichtig das Wasser zum Fleisch, rühren um, verschließen den Topf mit dem Deckel und lassen das Gericht etwa 50–60 Minuten bei schwacher Hitze garkochen.

Vor dem Anrichten rühren wir das Pörkölt noch einmal durch, schmecken es ab und servieren frisches Brot dazu.

Alle Balkanvölker essen gerne Bohnensuppe und haben ihre eigenen Rezepte dafür. Eine der bekanntesten Bohnensuppen ist die

Srpska corba od pasulja – Serbische Bohnensuppe

Zutaten (4 Portionen)
250 g weiße Bohnen
Einweichwasser, abgekocht
250 g geräucherter Schweinebauch (Wammerl)
500 g Lauch
1 Zwiebel
1 Lorbeerblatt und 2 Nelken
1 Teelöffel Majoran
1/2 Liter Wasser
1 Eßlöffel Essig
1/2 Teelöffel Zucker
1/2 Teelöffel Salz
1 Messerspitze Pfeffer
1 Tasse saure Sahne
1 Bund Petersilie

Zubehör
1 Schüssel
1 Topf
1 Wender (auch Bratschaufel genannt)
1 scharfes Küchenmesser
1 Litermaß
1 Küchenbrett
1 Tasse
1 Küchenschere

Die weißen Bohnen weichen wir über Nacht in soviel abgekochtem, abgekühltem Wasser ein, daß sie mit Wasser bedeckt sind.

Am nächsten Tag schütten wir vor dem Kochen das Wasser ab und geben die Bohnen mit dem Schweinebauch und dem halben Liter frischem Wasser in einen großen, flachen Topf. Von den Lauchstangen schneiden wir die welken Enden und ein Stückchen von der Knolle ab, schlitzen die Stangen auf und waschen sie mehrmals recht gründlich unter kaltem Wasser. Dann wird der Lauch in Stücke geschnitten und kommt mit dem Majoran zum Fleisch.

Jetzt schälen wir die Zwiebel, schneiden sie von oben her einmal halb ein und klemmen das Lorbeerblatt und die Nelken in den Schlitz. Diese »gespickte Zwiebel« legen wir auch in den Topf. Dann bringen wir die Suppe bei starker Hitze zum Kochen, schalten auf schwache Hitze um und lassen das Ganze so lange kochen, bis das Fleisch weich ist.

Nun nehmen wir das Fleisch heraus, legen es auf ein Küchenbrett und schneiden es in Würfel. Die Fleischwürfel füllen wir in eine vorgewärmte Terrine (Suppenschüssel). Schließlich fischen wir die gespickte Zwiebel aus der Suppe, gießen die Bohnensuppe über das Fleisch und schmecken mit Weinessig, Salz, Zucker und Pfeffer ab. Die saure Sahne können wir entweder gleich unter die Suppe rühren, oder wir stellen sie in einem Schüsselchen auf den Tisch zur »Selbstbedienung«.

Vor dem Auftragen bestreuen wir die Bohnensuppe mit frischgeschnittener Petersilie.

Diese Suppe schmeckt auch ohne Brot.

Čevapčiči gibt es nicht nur in Jugoslawien, in Ungarn oder in Griechenland. Sie kommen ursprünglich aus der Türkei und werden heute genauso gern in Paris wie in New York gegessen. Sie sind einfach zuzubereiten und schmecken ganz heiß am allerbesten.

Čevapčiči – Würstchen aus Hackfleisch

Zutaten (6 Portionen)
750 g gut durchwachsenes Rind- und Hammelfleisch halb und halb
1/2 Teelöffel Salz
1 zerdrückte Knoblauchzehe
1/2 Teelöffel Paprikapulver scharf
1 Messerspitze Rosmarin
Öl zum Braten
2 große Zwiebeln

Zubehör
1 Küchenbrett
1 Pfanne (am besten mit gerilltem Boden, sogenannte Grillpfanne)
1 Wender (auch Bratschaufel genannt)
1 Küchenmesser

Beim Einkauf bitten wir den Metzger, uns das Fleisch zweimal durch den Fleischwolf zu drehen, damit es recht fein wird.

Wir kneten Hackfleisch, Salz, die zerdrückte Knoblauchzehe, Paprikapulver und Rosmarin gleichmäßig durch, dann streichen wir das Fleisch etwa fingerdick und gleichmäßig auf ein mit Wasser abgespültes Brett. Nun schneiden wir den Fleischteig in etwa daumendicke Streifen und formen mit nassen Händen fingerlange Würstchen.

Jetzt schälen wir die Zwiebel und schneiden sie in dünne Ringe. Dann pinseln wir die Pfanne mit reichlich Öl aus und lassen das Öl bei Mittelhitze heiß werden. In dem heißen Öl braten wir die Würstchen rundherum kräftig braun. Die heißen Würstchen legen wir sofort auf Holzbretter (oder auf Teller), verteilen die rohen Zwiebelringe darüber und servieren dazu frische Tomaten und Brot.

Aus der Schweiz

In der Schweiz werden vier Sprachen gesprochen: Deutsch, Italienisch, Französisch und Rätoromanisch. So sagt man den Schweizern nach, daß sie schon von Kindesbeinen an auf vier Arten das Kochen lernen: auf Deutsch, Italienisch, Französisch und auf Rätoromanisch. Da haben wir's fein, wir brauchen Kochen nur auf Deutsch zu lernen. Eine Deutschschweizer Spezialität ist:

Zürcher Geschnetzeltes

Zutaten (2–3 Portionen)
250 g Kalbfleisch
1 Eßlöffel Öl
1/3 Teelöffel Salz
1/3 Teelöffel Pfeffer
1 Teelöffel Butter
1/2 Zwiebel
1 kleine Dose Champignons
Champignonwasser
etwas Wasser
1 Päckchen Rahmbratensoße

Zubehör
1 Schüssel zum Fleischwärmen
1 Küchenbrett
1 scharfes Messer
1 Pfanne
1 Wender (auch Bratschaufel genannt)
1 Dosenöffner
1 Topf für die Soße
1 Litermaß
1 Schneebesen

Ehe wir zu kochen beginnen, stellen wir die Schüssel für das Fleisch in den Backofen und heizen ihn auf 50 Grad, damit die Schüssel warm wird. Dann spülen wir das Kalbfleisch ab, trocknen es und schneiden es mit einem scharfen Messer auf einem Brett zuerst in Scheiben und dann in dünne Streifen.

Nun lassen wir das Öl in der Pfanne bei starker Hitze heiß werden und brutzeln die Fleischstreifen darin in etwa 8–10 Minuten rundherum gleichmäßig braun. Das Fleisch füllen wir in die warmgestellte Schüssel, lassen die Schüssel aber im Backofen.

Nun schälen wir eine halbe Zwiebel und schneiden sie in Würfelchen.

Die Butter zerlassen wir in der Pfanne, die wir vorher für das Fleisch verwendet haben, geben die Zwiebelwürfel dazu und dünsten sie hellgelb. Inzwischen öffnen wir die Champignondose, füllen das Pilzwasser mit Wasser zu einem viertel Liter Flüssigkeit auf, schütten das Pilzwasser in den Stieltopf und die Pilze selbst zu den Zwiebeln in die Pfanne. Die Champignons lassen wir mit den Zwiebeln heiß werden, rühren ein paarmal um und schütten dann die heißen Zwiebeln und Pilze über das Fleisch. Wir lassen die Flüssigkeit zum Kochen kommen und rühren mit dem Schneebesen das Soßenpulver ein. Die Soße muß noch einmal kurz aufkochen, bevor wir sie über das Fleisch gießen. Jetzt rühren wir das Geschnetzelte noch einmal durch und servieren es zusammen mit Schweizer Rösti (siehe unser nächstes Rezept).

Schweizer Rösti sind nichts anderes als geröstete Kartoffeln – aber mit einem besonderen Pfiff.

Schwyzer Rösti

Zutaten (4 Portionen)
1 kg Pellkartoffeln vom Vortag
2 Eßlöffel Butter oder Margarine
5 Eßlöffel Öl
1 Teelöffel Zwiebelwürfel
1/2 Teelöffel Salz
1/3 Teelöffel Pfeffer

Zubehör
1 flacher Kartoffeltopf
1 Messer zum Kartoffelschälen
1 Gurken- oder Rettichhobel
1 Pfanne
2 Wender (auch Bratschaufeln genannt)

Mit frisch gekochten Kartoffeln gelingen Schweizer Rösti nicht. Wir müssen also die Kartoffeln am Tage vorher kochen. Dazu waschen wir die Kartoffeln – es sollten möglichst gleich große sein –, füllen sie in einen flachen, breiten Topf, fügen 2 Tassen Wasser dazu und lassen sie bei starker Hitze zum Kochen kommen. Dann schalten wir sofort auf schwache Hitze zurück und lassen die Kartoffeln in etwa 30 bis 40 Minuten fertigkochen. Wenn die Kartoffeln weich sind, gießen wir das Kochwasser ab und lassen sie im offenen Topf ausdampfen.

Am nächsten Tag schälen wir die Kartoffeln und schneiden sie auf dem Gurken- oder Rettichhobel in hauchdünne Scheibchen. Jetzt muß die Butter (oder die Margarine) mit Öl in einer großen Pfanne bei starker Hitze heiß werden, dann geben wir die Kartoffelscheibchen hinein und braten sie bei guter Mittelhitze unter öfterem Wenden knusprig goldbraun.

Und nun kommt die Kunst: Kurz bevor die Kartoffeln ganz fertig durchgebraten sind, drücken wir sie mit den beiden Wendern in der Pfanne zusammen, so daß eine Art dicker, fester Kartoffelpfannkuchen entsteht. Nun lassen wir die Unterseite dieses Pfannkuchens nochmal kräftig braten, drehen ihn dann mit dem Wender (oder, wenn's besser geht, mit den beiden Wendern) um und braten ihn auch von der anderen Seite noch einmal. Zum Schluß schieben wir die Rösti in einem Stück auf eine vorgewärmte Platte, auf der wir sie auch servieren.

Sie schmecken sehr fein zu gegrillten Tomaten, zu Käse- und Eierspeisen, zu Blattsalaten – und natürlich zu Zürcher Geschnetzeltem.

Die Schweiz ist ein demokratisches Land, in dem sich Italiener mit Franzosen, Rätoromanen mit Deutschen, Deutsche mit Italienern und Franzosen mit Rätoromanen vertragen. Wahrscheinlich kommt es daher, daß sich in der Schweiz auch Käse mit Torte verträgt.

Kästörtli

Zutaten (4 Portionen)
1 Paket tiefgekühlter Blätterteig
1 gehäufter Eßlöffel Speisestärke (Gustin oder Mondamin)
½ Liter Milch
3 Eier
je ⅓ Teelöffel Salz und Pfeffer
1 Messerspitze Muskatnuß, gerieben
200 g geriebener Emmentaler Käse
1 Teelöffel Paprikapulver, edelsüß
1 Bund Schnittlauch

Zubehör
1 Nudelholz (Nudelwalker)
1 Fettpfanne (das tiefe Backblech aus dem Herd)
1 hoher Becher für die Speisestärke
1 Schneebesen
1 Sägemesser

Der Blätterteig muß bei Zimmertemperatur etwa 3–4 Stunden auftauen.

Vor dem Backen spülen wir außerdem die Fettpfanne mit Wasser aus, damit der Blätterteig nicht am Blech festklebt. (Blätterteig enthält genügend Fett, deshalb brauchen wir für das Blech nur Wasser.)

Das Nudelholz und die Tischplatte bestreuen wir leicht mit Mehl und rollen den Blätterteig zu einem Rechteck in der Größe der Fettpfanne aus. Dann rollen wir das Teigrechteck um das Nudelholz und rollen es in der Fettpfanne wieder ab. So geht's einfach, nicht wahr!?

Den Teig drücken wir rundherum an den Rändern der Fettpfanne etwas an und verteilen den geriebenen Käse gleichmäßig auf den Teig.

Jetzt heizen wir den Backofen vor: Elektroherd 220 Grad, Gasherd Stufe 4.

Während der Ofen vorheizt, verquirlen wir die Speisestärke mit der Milch, geben die aufgeschlagenen ganzen Eier dazu (Eiklar und Eigelb, aber ohne Schale!), würzen mit Salz, Pfeffer und Muskatnuß und schlagen alles kräftig mit dem Schneebesen durch.

Diese Mischung schütten wir über den Käse. Nun kommt der Käsekuchen in den heißen Backofen: auf die mittlere Schiene des Ofens schieben. Backzeit etwa 40 Minuten.

Über die goldgelb gebackene Käsetorte streuen wir Paprikapulver und Schnittlauchröllchen. Dann schneiden wir den Kuchen in Quadrate und servieren ihn, solange er noch ganz heiß ist.

Vater und Mutter, vielleicht auch der große Bruder, trinken gern ein Glas Wein oder Bier dazu. Leckere, heiße Fleischbrühe schmeckt für alle gut zu unserem Kästörtli.

Aus Frankreich

Von den Franzosen heißt es, sie seien die besten Köche der Welt. Daher kommt es, daß auf den Speisekarten besserer Restaurants so viele französische Namen stehen. Warum sollen wir uns da nicht auch einmal an die französische Küche wagen?

Pommes de terre Dauphinoises – Kronprinzenkartoffeln

Kartoffel-Käseauflauf mit Salat

Zutaten (4 Portionen)
8 mittelgroße Kartoffeln
1 Messerspitze Knoblauchsalz
3 Eßlöffel Butter oder Margarine
100 g geriebener Emmentaler Käse
1 Teelöffel Salz
1 Teelöffel Pfeffer
2 Eßlöffel Margarine
1 große Tasse Milch

Zum Salat:
1 Kopfsalat
2 Eßlöffel Weinessig
1/3 Teelöffel Senf
1/3 Teelöffel Pfeffer
1/3 Teelöffel Salz
2 Eßlöffel Öl
1 Eßlöffel gehackte Kräuter (dazu gehören Schnittlauch, Petersilie, Zitronenmelisse, Dill, Estragon und Kerbel)

Zubehör
1 Bratreine (ein rechteckiger Bratentopf)
1 Fettpinsel
1 Blatt Alufolie zum Abdecken der Reine
1 Küchenmesser
1 Salatschüssel
1 Salatbesteck
1 Tasse

Zuerst pinseln wir die Bratreine rundherum mit Margarine aus. Dann waschen wir die Kartoffeln, schälen sie und schneiden sie in dünne Scheiben. Die Scheiben trocknen wir zwischen zwei Blatt Küchenkrepp oder zwei Küchentüchern ab.

Jetzt heizen wir den Backofen vor: Elektroherd 200 Grad, Gasherd Stufe 3–4.

Nun schichten wir die Hälfte der Kartoffelscheiben in die Bratreine, würzen mit der Hälfte der angegebenen Salz- und Pfeffermenge, streuen die Hälfte des geriebenen Käses darüber und zum Schluß noch einen Eßlöffel Fettflöckchen. Darüber schichten wir den Rest der Kartoffelscheiben, würzen mit dem restlichen Gewürz, streuen den Rest des Emmentalers darüber und geben auf den Emmentaler nochmal einen Eßlöffel voll Fettflöckchen. Zum Schluß gießen wir vorsichtig die Milch von der Seite dazu und decken den Auflauf mit der Alufolie ab. Jetzt kommt der Auflauf bei Einschubhöhe Mitte in den Backofen. Nach etwa 60 Minuten nehmen wir die Folie ab (Vorsicht, heiß!) und lassen die Oberfläche des Auflaufs noch etwa 10 Minuten im Backofen knusprig braun werden.

Während des Bratens bleibt uns genügend Zeit, den Salat vorzubereiten: In einer Schüssel verrühren wir Essig, Senf, Salz, Pfeffer und Öl so lange, bis Öl und Essig sich miteinander vermischt haben. Dann fügen wir die gehackten Kräuter dazu (Petersilie, Schnittlauch, Dill), damit der Salat noch herzhafter schmeckt.

Die äußeren, welken Blätter des Salatkopfes werfen wir in den Abfall. Die übrigen Salatblätter zupfen wir in mundgerechte Stücke, waschen sie kurz, aber gründlich in kaltem Wasser und lassen sie im Seiher abtropfen. Die abgetropften Salatblätter vermengen wir mit der Marinade in der Schüssel.

Wenn wir uns die Zeit richtig eingeteilt haben, können wir den frisch angemachten Salat sofort mit dem heißen Kartoffel-Käse-Auflauf servieren.

Na, ist das kein Essen für einen Kronprinzen?!

Ihr müßt nicht meinen, daß alle französischen Gerichte schwierig zuzubereiten seien. In der Provence zum Beispiel, Frankreichs südlichster Landschaft, gibt es eine Reihe von Bistros (so nennt man dort die kleinen Lokale), in denen einfache Speisen so schmackhaft zubereitet werden, daß einem schon beim Gedanken daran das Wasser im Munde zusammenläuft.

Tomates Provençales – Provenzalische Tomaten

Zutaten (4 Portionen)
4 große Tomaten
1/3 Teelöffel Salz
1/3 Teelöffel Pfeffer
2 Eßlöffel Zwiebelwürfel (oder 1 kleine Zwiebel)
1 Teelöffel gehackte Petersilie
1 Messerspitze Knoblauchsalz
1 Messerspitze Salbei, gemahlen
1 Eßlöffel Öl oder Butter

Zubehör
1 scharfes Küchenmesser
1 Tasse
1 Löffel
1 Pfanne mit Deckel

Von den Tomaten zupfen wir die Blüten ab, waschen und halbieren sie und bestreuen die Schnittflächen mit Salz und Pfeffer. Dann schälen wir die Zwiebel, halbieren sie und schneiden sie in Würfelchen. Die Zwiebelwürfel vermischen wir in einer Tasse mit der gehackten Petersilie und dem gemahlenen Salbei. Von dieser Mischung geben wir einen Teelöffel voll auf jede Tomatenhälfte.

Dann lassen wir in der Pfanne bei Mittelhitze das Öl oder die Butter heiß werden und setzen die Tomaten in die Pfanne. Deckel drauf, 10 Minuten dünsten lassen – und fertig sind unsere Provenzalischen Tomaten.

Wir essen sie als Vorspeise oder servieren sie zu Reis und kurz gebratenen Fleischgerichten wie Schnitzel oder Frikadellen.

Viele französische Spezialitäten sind in der ganzen Welt bekannt. So zum Beispiel die

Poires Hélène – Birnen Hélène

Zutaten (4 Portionen)
1 Familienpackung »Eis und Heiß« (Vanilleeis mit Schokoladensoße)
1 kleine Dose Birnen
1 Eßlöffel Erdbeer- oder Johannisbeergelee
1/8 Liter Schlagsahne
1/2 Päckchen Vanillezucker

Zubehör
1 Topf mit Stiel (auch Kasserolle genannt)
1 Dosenöffner
1 Seiher (auch Durchschlag genannt)
4 Glasschalen, möglichst hoch und weit
1 Schneebesen
1 Schüssel

Aus der Vanilleeispackung nehmen wir den gefrorenen Beutel mit Schokoladensoße, legen ihn in den Topf, den wir halb voll mit Wasser füllen, und lassen das Ganze heiß werden, damit die Soße auftaut.

Während wir die Soße im Wasserbad erhitzen, schlagen wir die gut gekühlte Sahne in der Schüssel mit dem Schneebesen steif. Während des Schlagens lassen wir den Vanillezucker einrieseln.

Und schon können wir anrichten: Das Vanilleeis schneiden wir in 4 gleiche Scheiben, die wir in die 4 Glasschalen legen. Dann öffnen wir die Dose mit den Birnen und legen auf jede Eisportion eine halbe Birne. Die Birnen bestreichen wir mit Erdbeer- oder Johannisbeergelee, setzen auf jede Birne einen dicken Sahneklecks und gießen die heiße Schokoladensoße vorsichtig und gleichmäßig rund um die Sahne.

Natürlich müssen wir den Eisbecher Hélène sofort servieren, damit das Eis nicht schmilzt.

Aus Italien

Über vierhundert Jahre lang war West- und Süddeutschland römische Provinz, und fast zweitausend Jahre, ehe die Urlauber ihren italienischen Wein im Kofferraum über die Grenze schmuggelten, hatten die römischen Legionen die römische Küche an die Donau und den Rhein gebracht.

Noch heute wird in Italien schmackhaft und würzig gekocht – und herzhaft gegessen und getrunken. Und mancher von Euch wird aus dem Land zwischen Brenner und Cap Goretti außer knuspriger Urlaubsbräune auch die Erinnerung an die italienische Küche mit nach Hause gebracht haben.

Natürlich braucht heute niemand mehr nach Italien zu reisen, um italienisch zu essen; in jeder Stadt gibt es Tavernen und Pizzerias.

Aber am lebendigsten wird die Erinnerung doch erst dann, wenn wir uns so ein Sonnengericht in der eigenen Küche zubereiten.

Spaghetti alla Bolognese – Spaghetti aus Bologna

Zutaten (4 Portionen)
250 g Spaghetti
2 Liter Wasser
1 Teelöffel Salz
1 Zwiebel
1 Knoblauchzehe
1 Möhre
200 g gemischtes Hackfleisch (halb Rind-, halb Schweinefleisch)
2 Eßlöffel Öl
1 kleine Dose Tomatenmark
1/3 Teelöffel Salz
1/2 Teelöffel Paprikapulver, edelsüß
1/3 Teelöffel Oregano
1 Tasse Wasser
1 kleine Dose Champignons
1 Beutel geriebener Parmesankäse

Zubehör
1 Topf mit Stiel (auch Kasserolle genannt)
1 Topf zum Spaghettikochen
1 Seiher (auch Durchschlag genannt)
1 Wender (auch Bratschaufel genannt)
1 scharfes Messer
1 flacher Topf
1 Gabel
1 Reibe (oder Raffel)
1 Dosenöffner

Zuerst kochen wir die Spaghetti. Wer nicht mehr weiß, wie man Spaghetti kocht, der sieht bitte einmal auf Seite 89 nach.

Die gekochten und abgetropften Spaghetti füllen wir zurück in den Nudeltopf und stellen sie warm.

Jetzt bereiten wir die Soße zu: Wir schälen und halbieren eine Zwiebel und schneiden sie in Würfel. Dann ziehen wir auch den Knoblauchzehen die Schale ab und reiben sie zusammen mit der geputzten Mohrrübe auf einer Reibe.

Im Stieltopf erhitzen wir das Öl und dünsten darin die Zwiebelwürfel glasig. Dabei müssen wir ein bißchen umrühren. Wir fügen das Hackfleisch hinzu, zerteilen es mit einer Gabel und lassen es kräftig braun braten. Dann schalten wir auf ganz kleine Hitze zurück, öffnen die Dose mit dem Tomatenmark und mischen das Mark, die geraffelte Möhre und Knoblauch zusammen mit den Gewürzen unter das Hackfleisch. Nun gießen wir vorsichtig eine Tasse Wasser von der Seite her in den Topf (mit dem Wasser können wir zuvor das leere Tomatenmarkdöschen ausspülen) und kochen die Soße etwa 5–10 Minuten bei mittlerer Hitze. Zum Schluß rühren wir die Champignons und das Pilzwasser aus der Dose unter die Soße, lassen noch einmal kurz aufkochen und schmecken ab.

Zum Servieren verteilen wir die Spaghetti auf 3–4 tiefe Teller, drücken in jeden Spaghetti-Berg in der Mitte eine Delle und geben überall etwa 1 Teelöffel Butter hinein. Dann verteilen wir die Soße gleichmäßig über die Spaghettiportionen und überstreuen alles mit viel geriebenem Käse.

Eierfrüchte oder Auberginen werden in allen südlichen Ländern Europas angebaut und auf vielfältige Art und Weise zubereitet. Besonders gut sind sie als

Melanzane al forno – Gebackene Auberginen

Zutaten (4 Portionen)
3 große, feste Auberginen
Salz zum Bestreuen
Mehl zum Wenden

Zum Pfannkuchenteig:
2 Eier
1½ Tassen Mehl
1 Tasse Wasser
1 Messerspitze Salz
½ Tasse Öl
1 Päckchen Tomatensoße
1 Beutel geriebener Parmesankäse

Zubehör
1 scharfes Messer
1 hohe Schüssel
1 Schneebesen
1 große Pfanne
1 Topf mit Stiel (auch Kasserolle genannt)

Die Auberginen waschen wir, schälen sie und schneiden die geschälten Früchte in etwa 1 cm dicke Scheiben. Die Scheiben bestreuen wir auf beiden Seiten ganz leicht mit Salz und legen sie dann nebeneinander auf ein Backbrett – die saubere Tischplatte tut's aber auch. Dort lassen wir sie etwa 20 Minuten ziehen.

Inzwischen bereiten wir den Pfannkuchenteig zu; wer nicht mehr weiß, wie das geht, schaut auf Seite 96 nach.

Wenn die 20 Minuten um sind, trocknen wir die gesalzenen Auberginenscheiben mit Küchenkrepp oder einem Küchentuch leicht von beiden Seiten ab. Dann lassen wir das Öl in der Pfanne heiß werden, aber nicht zu heiß, weil es sonst bitter schmeckt. Die abgetrockneten Auberginenscheiben wenden wir nun in ein wenig Mehl, schütteln das überflüssige Mehl ab und tauchen die Scheiben in den Pfannkuchenteig. Aus dem Teig legen wir die Scheiben vorsichtig in das heiße Öl und backen sie auf beiden Seiten goldgelb. Die gebackenen Scheiben ordnen wir hübsch auf einer vorgewärmten Platte an (ein großer, flacher Teller geht auch) und bestreuen sie vor dem Servieren mit geriebenem Käse.

Zu diesem Gericht könnt Ihr – wenn Euch der Hunger noch Zeit läßt – Tomatensoße reichen, die Ihr nach der Anweisung auf dem Soßenpäckchen zubereitet. Natürlich müßt Ihr dann bis zum Auftragen die gebackenen Auberginenscheiben warmstellen. Zur Not tut's auch Tomatenketchup. Das geht schneller und schmeckt – aber nur fast – genauso gut.

Buon' appetito!

Zwei italienische Suppen sind weltberühmt geworden: Die Gemüsesuppe, Minestrone genannt, und die besonders feine Hühnersuppe aus Pavia, die

Zuppa alla Pavese – Hühnersuppe mit Ei und Käse

Zutaten (4 Portionen)
4 Scheiben Weißbrot
1 Eßlöffel Butter oder Margarine
1 Dose Hühnersuppe oder
1 Döschen Hühnerbrühe
(pro Person etwa $^{1}/_{8}$–$^{1}/_{4}$ Liter Suppe)
4 Eigelb
pro Eigelb 1 Prise Pfeffer
1 Beutel geriebener Parmesankäse
1 Bund Petersilie

Zubehör
1 Pfanne zum Weißbrotrösten
1 Küchenmesser
1 Wender (auch Bratschaufel genannt)
1 Topf für die Suppe
1 Dosenöffner
1 Küchenschere

Zuerst schneiden wir von den Weißbrotscheiben ganz dünn die Rinde ab, dann lassen wir bei guter Mittelhitze einen Eßlöffel Fett in der Pfanne heiß werden, legen die Weißbrotscheiben hinein und braten sie von beiden Seiten zu goldbrauner Farbe. Danach stellen wir sie vom Herd.

Nun öffnen wir die Dose mit der Hühnerbrühe, schütten den Inhalt in den Suppentopf und bringen die Suppe bei starker Hitze zum Kochen. Mit der heißen Suppe füllen wir 4 Suppentassen gut halbvoll. Dann legen wir auf jede Suppenportion eine der gerösteten Weißbrotscheiben.

Jetzt trennen wir die Eier; das Eiklar können wir eingefrieren, auf jedes der gerösteten Weißbrote in den Tassen setzen wir ein Eigelb. Das Eigelb würzen wir mit etwas Pfeffer und bestreuen es reichlich mit Parmesankäse. Zum Schluß schneiden wir mit der Küchenschere viel frische Petersilie über die Suppe.

Aus Österreich

Wer von Deutschland geraden Weges nach Italien will, muß durch Österreich. Und wer mit etwas Verstand durch Österreich fährt, wird kaum die besonders köstlichen Gerichte der österreichischen Küche links liegenlassen. Und man entdeckt: in Salzburg oder Wien schmecken Salzburger Nockerl oder Wiener Schnitzel eben doch anders als in Bremen oder Hamburg.

Am berühmtesten sind die österreichischen »Mehlspeisen«. Sie müssen nicht einmal unbedingt Mehl enthalten, aber süß müssen sie sein, wie zum Beispiel

Gebackene Nußnudeln

Zutaten (4 Portionen)
3/4 Liter Milch
100 g Zucker
250 g Bandnudeln
100 g geriebene Haselnüsse (aus dem Beutel)
2 Eigelb
2 Eiklar
60 g Zucker
1 Tüte Mandelblättchen
Fett für die Form

Zubehör
1 hoher Topf
1 Schüssel
1 Schneebesen
1 feuerfeste Form
1 hohe Schüssel

In dem Topf bringen wir Milch und Zucker bei mittlerer Hitze zum Kochen, geben die Bandnudeln hinein, schalten sofort auf schwache Hitze zurück und lassen die Nudeln so lange quellen, bis sie die Milch ganz aufgesaugt haben. Inzwischen trennen wir die Eier, geben die Eiklar in den hohen Topf, die Eigelb vermengen wir in einem Schüsselchen mit den geriebenen Nüssen und geben diese Mischung unter die Nudeln.

Jetzt heizen wir den Backofen vor: Elektroherd 225 Grad, Gasherd Stufe 4–5.

Mit etwas Margarine fetten wir die feuerfeste Form aus und füllen sie mit dem Nudelgemisch. Die Eiklar schlagen wir in dem Topf mit dem Schneebesen zu steifem Schnee. Während des Schlagens lassen wir nach und nach den Zucker einrieseln. Zum Schluß heben wir mit dem Schneebesen die Mandelblättchen unter den Eischnee, verstreichen ihn auf den Nudeln und backen unseren Auflauf bei Einschubhöhe Mitte etwa 30 Minuten zu goldgelber Farbe.

Heiß serviert schmecken die gebackenen Nußnudeln am besten.

Unser nächstes Gericht kennt jeder, jeder hat sie schon gegessen – aber habt Ihr sie auch schon selbst gebacken, die

Wiener Schnitzel

Zutaten (4 Portionen)
4 Kalbsschnitzel

Für alle Schnitzel:
½ Teelöffel Salz
½ Teelöffel Pfeffer
4 Eßlöffel Mehl
2 Eier
4 Eßlöffel Semmelbrösel
2 Teelöffel Butter
4 Eßlöffel Öl
1 Zitrone

Zubehör
3 große, tiefe Teller zum Panieren
1 Gabel
1 große Bratpfanne
1 Wender (auch Bratschaufel genannt)
1 Küchenmesser

Die Schnitzel waschen wir kurz unter fließendem Wasser, trocknen sie mit Küchenkrepp oder einem Küchentuch ab und entfernen mit dem Messer alle Häute. Dann bestreuen wir unsere Schnitzel von beiden Seiten leicht mit Salz und Pfeffer.

Die Eier schlagen wir auf und verquirlen sie mit der Gabel in einem tiefen Teller. In die beiden anderen Teller schütten wir Mehl und Semmelbrösel. Jetzt wenden wir nacheinander die Schnitzel von beiden Seiten zuerst im Mehl (überschüssiges Mehl abschütteln), dann in den Eiern und zum Schluß in den Semmelbröseln (auch die überschüssigen Semmelbrösel klopfen wir ab). Die Panade – so nennt man in Österreich das Gemisch aus Mehl, Eiern und Semmelbröseln – darf nicht zu feucht sein, weil sie sonst beim Backen abblättert. Nun erhitzen wir Butter und Öl in der Pfanne (starke Hitze), legen die Schnitzel hinein und braten sie bei guter Mittelhitze knusprig goldbraun. Jede Seite braucht etwa 3–4 Minuten.

Zu den gebratenen Schnitzeln servieren wir Pommes frites oder Kartoffelsalat.

Vergeßt nicht, zu jedem Schnitzel eine Scheibe Zitrone zu reichen. Wer mag, drückt dann seine Zitronenscheibe mit der Gabel auf dem Schnitzel aus, bevor er es anschneidet. Die ausgedrückte Zitronenscheibe legen wir auf den Tellerrand.

Noch feiner schmecken die Schnitzel, wenn wir sie vor dem Auftragen mit heißer Butter begießen (pro Schnitzel nehmen wir etwa ½ Eßlöffel Butter), oder aber in der Pfanne Butter zerlassen und die Schnitzel darin wenden.

Zum Abschluß unserer Österreichreise noch eine Mehlspeise:

Topfennockerl

Zutaten (4 Portionen)
1 kg Speisequark, Magerstufe (Topfen)
160 g Zucker
1 Vanillezucker
1 Messerspitze Salz
4 Eigelb
4 Eiklar
1/8 Liter Milch
50 g zerlassene Butter
80 g Mehl
40 g Speisestärke (Gustin oder Mondamin)
Fett für die feuerfeste Form

Zubehör
1 große Schüssel für den Quark (Topfen)
1 Schneebesen
1 Kochlöffel
1 hoher Topf (Eischnee)
1 Fettpfännchen
2 Eßlöffel
1 feuerfeste Form

Zuerst trennen wir die Eier: das Eigelb geben wir in die Rührschüssel, das Eiklar in das Gefäß, in dem wir später den Schnee schlagen wollen. Mittlerweile lassen wir bei schwacher Hitze im Fettpfännchen die Butter zerlaufen.

Nun füllen wir den Quark in die Rührschüssel, fügen Zucker, Vanillezucker oder Salz dazu und verrühren mit dem Kochlöffel das Ganze zu einer glatten Krem. Dann gießen wir die Milch und die zerlassene Butter (sie darf nicht mehr heiß sein) von der Seite dazu und rühren kräftig um. Zum Schluß vermengen wir die Speisestärke mit dem Mehl und rühren das Gemisch unter die Quarkkrem.

Jetzt schlagen wir mit dem Schneebesen die Eiklar zu Schnee. Während des Schneeschlagens lassen wir den Vanillezucker einrieseln. Den fertigen Eischnee häufen wir auf die Quarkkrem und heben ihn mit dem Schneebesen locker unter.

Allmählich wird es Zeit, den Backofen vorzuheizen: Elektroherd 225 Grad, Gasherd Stufe 4.

Bis der Backofen heiß ist, fetten wir eine feuerfeste Form mit Margarine aus, stechen mit zwei feuchten Eßlöffeln von der Quark-Mehl-Masse »Nockerl« ab, die wir dicht nebeneinander in

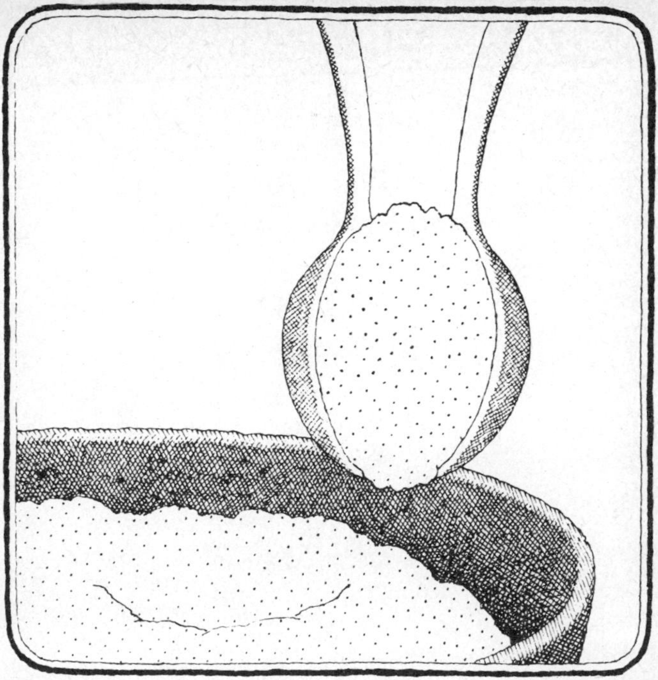

die Form setzen. Die Nockerl sollen ungefähr so groß sein wie ein sehr großes Ei. Nun kommt die Auflaufform in den heißen Backofen, und unsere Nockerl müssen bei Einschubhöhe Mitte in etwa 30 Minuten zu goldgelber Farbe backen. Sie werden heiß serviert.

In Österreich ißt man dazu Mirabellen-, Aprikosen- oder Kirschkompott.

Unsere Schlemmerreise ist zu Ende. Und wenn Ihr in den nächsten Ferien nach Italien, Österreich, Spanien, Frankreich oder in die Schweiz kommt und dort etwas ganz besonders Leckeres eßt, dann könnt Ihr ja den Koch nach dem Rezept fragen.

15

Wer will guten Kuchen backen

Kuchen macht mindestens dreimal Vergnügen: Beim Backen, beim Anschauen und beim Essen.

Hoch oder flach, rund oder eckig, glatt, gerippt, bescheiden oder verziert, bunt belegt oder marmoriert, weiß, braun, goldgelb – jeder Kuchen sieht anders aus.

Kuchenbacken ist ein Spiel für Künstler, für Teigbildhauer, für Leute mit Phantasie, die sich immer wieder etwas Neues einfallen lassen – eigentlich genau das Richtige für Euch. Und wißt Ihr noch, wie Ihr beim Sandspielen mit den Sandförmchen die ersten Kuchen »gebacken« habt?

Schon damals hat es Spaß gemacht; und heute erst, wo der Kuchen nicht aus Sand gebacken wird, sondern aus Zucker und Butter, Mehl und Milch und Eiern und Rosinen und Mandeln und Schokolade! Und außerdem: es scheint zwar, daß selber essen am besten schmeckt, aber welcher Kuchenbäcker freut sich nicht, wenn Tante Käthe sagt »Mmmh – wie das schmeckt! Hat den der Peter wirklich ganz allein gebacken?!« So bereitet Euch Euer selbstgebackener Kuchen zu guter Letzt sogar noch ein viertes Mal Vergnügen.

Marmorkuchen

Zutaten
250 g weiche Butter oder Margarine
150 g Zucker
1 Vanillezucker
4 Eier
1 Prise Salz
375 g Mehl
125 g Speisestärke (Gustin oder Mondamin)
1 Backpulver
1/8 Liter Milch
80 g Zucker
50 g Kakao
1–2 Eßlöffel Milch
Fett für die Form
Semmelbrösel für die Form
Puderzucker oder Schokoladenguß

Zubehör
1 hohe Rührschüssel
1 Meßbecher
1 Handrührgerät mit Rührbesen
1 Schneebesen
1 Kochlöffel mit Loch
1 Schüsselchen für die Kakaomasse
1 Gummiteigschaber
1 Napfkuchenform
1 Gitterrost

Gleich zu Beginn unserer Arbeit heizen wir den Backofen vor: Elektroherd 180–200 Grad, Gasherd Stufe 3.

Butter oder Margarine, Zucker, Vanillezucker, Eier und Salz geben wir in eine hohe Schüssel und verrühren alles. Etwa 5–10 Minuten lang. Mit dem elektrischen Handrührgerät dauert es etwa 1–2 Minuten. Jetzt fügen wir Mehl, Speisestärke, Backpulver und Milch zu, vermengen alles mit dem Rührbesen oder dem

Kochlöffel und rühren kräftig. Der fertige Teig muß schön goldgelb sein und darf keine Klümpchen haben.

In einem Extraschüsselchen mischen wir nun Zucker, Kakao und Milch miteinander, nehmen vom fertigen Teig 1/3 der Menge ab und rühren ihn unter die Kakaomasse.

Die Backform – eine Napfkuchenform mit möglichst hübschem Muster – pinseln wir dünn mit weicher Margarine ein und streuen sie mit Semmelbröseln aus. In die Form füllen wir zuerst die Hälfte von dem hellen Kuchenteig ein, dann den dunklen Teig und darüber den Rest des hellen. Den Teig in der Form glätten wir mit einem in Wasser getauchten Teigschaber.

Je nach der Höhe unserer Napfkuchenform backen wir den Marmorkuchen auf mittlerer Höhe oder unten in etwa 60 Minuten goldbraun.

Den fertigen Kuchen lassen wir noch etwa 15 Minuten in der Form auskühlen, bevor wir ihn auf einen Gitterrost oder auf eine Kuchenplatte stürzen. Wenn der Marmorkuchen ganz abgekühlt ist, bestreichen wir ihn mit Schokoladenguß oder übersieben ihn mit Puderzucker. Schokoladenguß gibt es fertig in kleinen Döschen zu kaufen.

Aprikosenkuchen

Zutaten
200 g Butter
150 g Zucker
1 Vanillezucker
abgeriebene Schale von einer halben, ungespritzten Zitrone
3 Eier
200 g Mehl
1 Teelöffel Backpulver
1 große Dose Aprikosen oder 1 kg frische Aprikosen
100 g gehackte Mandeln (aus der Tüte)
2 Eßlöffel Zucker

Zubehör
1 hohe Schüssel
1 Kochlöffel mit Loch oder
1 Handrührgerät mit Rührbesen
1 Seiher (auch Durchschlag genannt)
1 Dosenöffner
1 Teigschaber
1 Springform

Die Butter müßt Ihr rechtzeitig aus dem Kühlschrank nehmen, damit sie weich wird.

Wir heizen gleich zu Beginn den Backofen vor: Elektroherd 190–200 Grad, Gasherd Stufe 3.

Alle Teigzutaten – Butter, Zucker, Vanillezucker, die abgeriebene Zitronenschale, die Eier, das Mehl, das Backpulver – geben wir in die Rührschüssel und verrühren alles mit dem Kochlöffel zu einem glatten Teig. (Rührdauer mit dem Elektrogerät etwa 2 Minuten.)

Jetzt fetten wir die Springform ganz dünn mit Margarine ein und streichen den Teig mit einem nassen Teigschaber gleichmäßig dick auf. Die Aprikosen aus der Dose lassen wir in einem Sieb über einer Schüssel gut abtropfen – oder wir waschen die frischen Früchte, halbieren und entsteinen sie, schneiden den Stiel heraus und ziehen ihnen die Haut ab. Mit den Fruchthälften belegen wir den Teig und streuen gehackte Mandeln über die Früchte.

Der Aprikosenkuchen muß nun etwa 30–40 Minuten auf mittlerer Höhe backen. Nach dem Backen schieben wir den Kuchen auf eine Tortenplatte und schneiden ihn – erkaltet – in Tortenstücke.

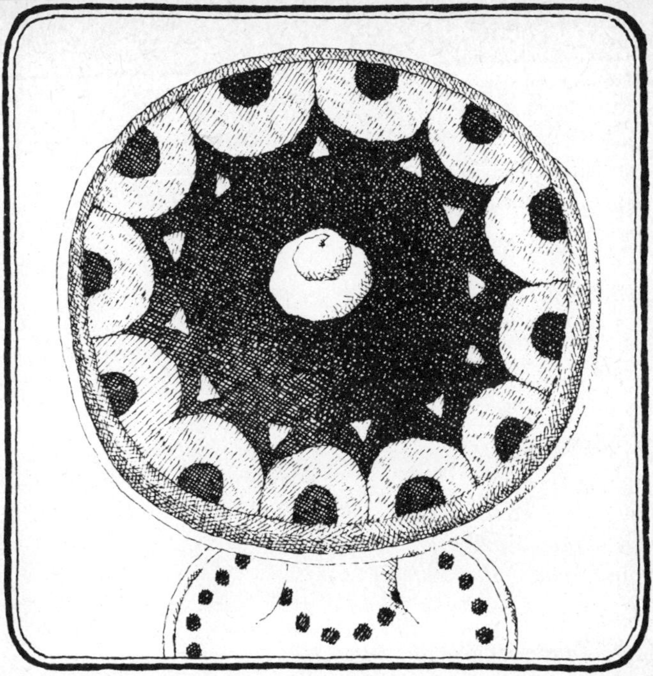

Wer will, kann zu Aprikosenkuchen eine große Schüssel süßer Schlagsahne servieren.

In jeder Bäckerei gibt es fertige Tortenböden zu kaufen. Das kann manchmal sehr praktisch sein, wenn sich zum Beispiel überraschend Besuch anmeldet und wir vor dem Kaffeetrinken keine Zeit mehr zum Backen haben.

Bunte Obsttorte

Zutaten

1 Tortenboden, gekauft
Vanillekrem aus:
1/4 Liter Milch und
1 Päckchen Vanillepudding »ohne kochen«

Zum Belegen:

Vorschlag I:
5–6 kleine, feste Bananen, blaue oder grüne Trauben oder Sauerkirschen

Vorschlag II:
1/1 Dose Sauerkirschen oder Pfirsiche oder Aprikosen oder Mirabellen oder Stachelbeeren

Vorschlag III:
1/1 Dose Ananasringe und
1/2 Dose Sauerkirschen oder rote Marmelade

Vorschlag IV:
Gedünstetes Rhabarber-, Apfel- oder Birnenkompott

Vorschlag V:
Frische Beeren:
Erdbeeren, Himbeeren oder Blaubeeren

Zum Verzieren:
1/4 Liter Schlagsahne mit Vanillezucker
1 Tütchen Mandelblättchen oder Mandelsplitter

Zubehör

1 Tortenplatte
1 Schüssel
1 Litermaß
1 Dosenöffner
1 Sieb
1 Schüssel, um den Saft aufzufangen
1 Teelöffel
1 Handrührgerät mit Rührbesen oder ein Schneebesen
1 hoher Becher
1 Spritzbeutel mit Sterntülle

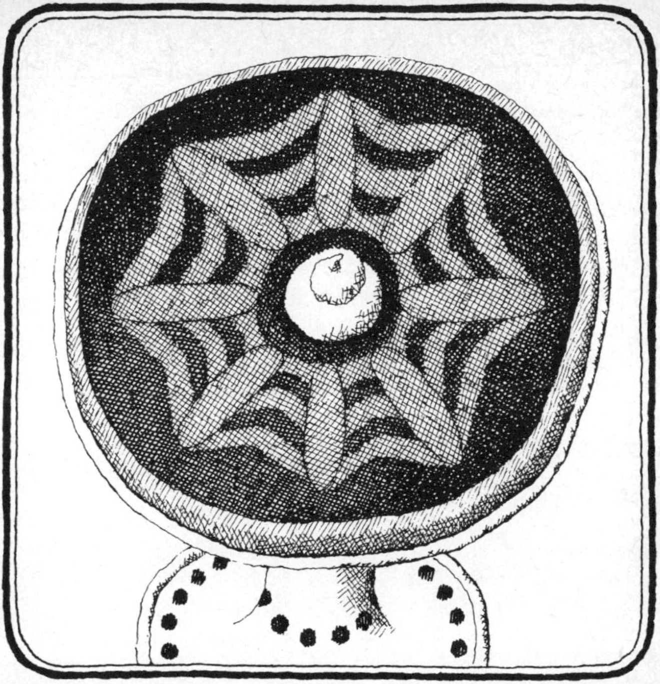

Den gekauften Tortenboden legen wir auf eine Tortenplatte und bestreichen ihn mit der Vanillekrem, die wir aus der Milch und dem Vanillepuddingpulver »ohne kochen« angerührt haben. Auf dieser Krem verteilen wir nun das Obst:

I. Die abgeschälten Bananen legen wir sternförmig auf die Krem, die Zwischenräume füllen wir mit gewaschenen Trauben oder abgetropften Sauerkirschen.

II. Wir belegen den Boden dicht mit abgetropftem Obst von einer der angegebenen Sorten.

III. Wir lassen die Ananasringe abtropfen, verteilen sie auf der Krem und füllen die Zwischenräume mit abgetropften Sauerkirschen oder mit roter Marmelade aus.

IV. Wenn wir selbsteingekochtes Kompott zu Hause haben, können wir ein Glas davon öffnen und die Krem mit den abgetropften Früchten belegen.

V. Besonders köstlich und erfrischend sind natürlich frische Beeren. Wir verlesen die Früchte (das heißt, wir suchen alle Blätter, Stiele und die nicht mehr frischen Beeren heraus) und verteilen das Obst auf dem Tortenboden. Große Erdbeeren halbieren wir.

Zum Schluß schlagen wir die Sahne mit dem Handrührgerät oder mit dem Schneebesen recht steif und lassen dabei den Vanillezukker nach und nach einrieseln. Die steife Sahne füllen wir in einen Spritzbeutel mit Sterntülle und verzieren die Torte rundherum mit Rosetten, Kränzen, Schnecken, Schlangen, Locken oder Tupfen. Auf die Sahne streuen wir noch die Mandelsplitter.

Fertig ist unsere festlich dekorierte Torte.

Äpfel im Schlafrock

Zutaten
etwa 10 kleine Äpfel
Marmelade zum Füllen

Für den Teig:
250 g Mehl
½ Päckchen Backpulver
100 g Zucker
1 Prise Salz
1 Ei
125 g Butter oder Margarine
1 Eiklar zum Kleben
1 Eigelb zum Bestreichen
Puderzucker zum Übersieben

Zubehör
1 Meßbecher
1 Gabel
1 Messer
1 Nudelholz (auch Nudelwalker genannt)
1 rundes Ausstechförmchen (etwa 2 cm Durchmesser)
1 Teigrad
1 Pinsel
1 Apfelausstecher

Zuerst schälen wir die Äpfel und holen mit dem Apfelausstecher Stiel- und Blütenansatz und Kerngehäuse heraus.

Die Äpfel setzen wir auf ein Brett, die entstandenen Löcher füllen wir mit Marmelade.

Nun bereiten wir den Mürbeteig zu: Vorher spülen wir uns die

Hände gründlich mit kaltem Wasser, damit sie sauber und vor allem kühl werden. Mit warmen Händen gekneteter Mürbeteig wird leicht klebrig.

Mehl und Backpulver schütten wir auf die saubere Tischplatte oder in eine Schüssel und drücken mit dem Löffel in den Mehlberg eine Vertiefung. In diese Grube geben wir Zucker und Salz und das aufgeschlagene Ei und verrühren diese Zutaten mit der Gabel zu einem Brei. Rund um die Grube verteilen wir die Butter oder Margarine in Stücken und überstäuben alles mit etwas Mehl von den Seiten des Mehlberges.

Nun verkneten wir alle Zutaten von außen nach innen zu einem glatten Teig. Dieser Teig muß mindestens eine halbe Stunde kaltgestellt werden.

Inzwischen heizen wir den Backofen vor: Elektroherd 200–210 Grad, Gasherd Stufe 3–4.

Die Tischplatte und das Nudelholz bestreuen wir jetzt leicht mit Mehl und rollen den kalten Teig knapp $^1/_2$ cm dick aus. Für jeden der 10 Äpfel »radeln« wir dann mit dem Teigrad ein passendes Quadrat aus (mit einem Messer geht es auch), setzen den Apfel jeweils schön in die Mitte des Teig-Quadrates und bestreichen die

Teigränder mit Eiklar – das ist unser Klebstoff! Nun ziehen wir die Teigecken über den Apfel und drücken sie oben fest zusammen. Ganz oben drauf legen wir eine kleine, rundausgestochene Teigscheibe – es kann auch ein Sternchen sein. Wir fetten das Backblech ein, bestreichen die Äpfel im Schlafrock ganz dünn mit verrührtem Eigelb und setzen sie auf das Blech. Wenn alle Äpfel auf dem Blech sind, schieben wir sie in den heißen Ofen und backen sie etwa 30–40 Minuten auf mittlerer Höhe.

Die fertigen Äpfel im Schlafrock nehmen wir gleich vom Blech, lassen sie auskühlen und übersieben sie dann mit Puderzucker. Die Äpfel schmecken am besten, solange der Mürbeteig wirklich noch mürb ist.

Streuselkuchen

(Quark-Ölteig mit Streuseln)

Zutaten

250 g trockener Speisequark, Magerstufe (Topfen)
6 Eßlöffel Milch
8 Eßlöffel Öl
1 Ei
100 g Zucker
1 Vanillezucker
1 Prise Salz
400 g Mehl
1 Päckchen und 2 gestrichene Teelöffel Backpulver
Butter zum Teigbestreichen
Fett für das Blech

Für die Streusel:
400 g Mehl
200 g Zucker
1 Vanillezucker
½ Teelöffel Zimt
200 g Butter oder Margarine

Zubehör

1 große, hohe Schüssel
1 Meßbecher
1 Tasse
1 Topf mit Stiel (auch Kasserolle genannt)
1 Wender (auch Bratschaufel genannt)
1 Fettpinsel
1 Nudelholz (auch Nudelwalker genannt)
1 Backblech

Quark-Ölteig ist leicht und schnell zu kneten:

Wir geben alle angegebenen Zutaten für den Teig der Reihe nach in eine große, hohe Schüssel, stellen sie auf ein feuchtes Tuch, damit sie nicht rutscht, und kneten einen glatten Teig. Aus dem fertigen Teig sollen keine Quarkkrümel mehr herausschauen. Den Teig stellen wir eine halbe Stunde lang kalt.

Während wir den Backofen vorheizen (Elektroherd 200 Grad, Gasherd Stufe 3), bereiten wir die Streusel zu:

Im Stieltopf lassen wir die Butter oder die Margarine bei mittlerer Hitze zergehen. In die Backschüssel füllen wir das Mehl, den Zucker, den Vanillezucker und den Zimt und vermengen alles miteinander. Jetzt gießen wir das zerlassene, aber nicht mehr heiße Fett dazu und heben mit dem Wender alle Zutaten in der Schüssel durcheinander. Dann kneten und bröseln wir den Teig so lange, bis wir etwa gleichgroße Streusel haben.

Den kalten Quark-Ölteig rollen wir nun mit dem mehlbestäubten Nudelholz auf dem eingefetteten Blech gleichmäßig dick aus. Den Teig bestreichen wir mit weicher Butter und verteilen die Streusel darüber.

Der Quark-Öl-Kuchen wird auf mittlerer Höhe so lange gebacken, bis die Streusel schön goldgelb sind. Zur Probe stecht Ihr einmal mit einer Stricknadel in den Kuchen. Wenn kein Teig mehr an der Nadel hängen bleibt, ist Euer Kuchen fertig.

Nach dem Backen lassen wir den Streuselkuchen etwas abkühlen und lösen ihn mit einem großen Messer vom Blech.

Zur Kaffeerunde schneiden wir ihn in Streifen oder Quadrate.

Weihnachtsstollen

(Aus Quark-Mürbeteig)

Zutaten

500 g Mehl
1 Päckchen Backpulver
2 Eier
125 g Zucker
1 Vanillezucker
250 g Speisequark, Magerstufe (Topfen)
1 Prise Salz
4 Tropfen Rum-Aroma (oder 1 Teelöffel Rum)
1 Eßlöffel Zitronensaft
125 g Butter oder Margarine
150 g Rosinen
50 g gewürfeltes Zitronat (Zitronat besteht aus kandierten – das sind zuckergetränkte – Zitronenschalen)
125 g gestiftelte Mandeln (1 Beutel)
Fett für das Blech oder die Stollenform
Butter zum Bestreichen
Puderzucker zum Übersieben

Zubehör

1 Meßbecher
1 große Schüssel
1 Eßlöffel
1 Kochlöffel mit Loch im Rührblatt
1 Sieb
1 Stollenform oder
1 Backblech
1 Nudelholz (auch Nudelwalker genannt)
1 Fettpinsel

In die große Schüssel füllen wir nacheinander das mit dem Backpulver vermischte Mehl, Eier, Zucker, Vanillezucker, Quark, Salz, Rum, Zitronensaft und die weiche Butter. Mit dem Kochlöffel verarbeiten wir nun diese Zutaten zu einem glatten Teig.

Jetzt heizen wir den Backofen vor, Elektroherd 200 Grad, Gasherd Stufe 3.

Die Rosinen werden in einem Sieb unter fließendem Wasser

abgebraust. Wir lassen sie gut abtropfen und wenden sie leicht in ganz wenig Mehl. Nun rühren wir sie zusammen mit dem Zitronat und den Mandeln unter den Teig.

Tischplatte und Nudelholz bestäuben wir leicht mit Mehl und rollen den Teig zu einem dicken Rechteck aus. Ein Drittel des Teiges klappen wir jetzt auf die anderen beiden Drittel. Jetzt sieht das Ganze schon wie ein Stollen aus. Den so geformten Teig schieben wir auf ein eingefettetes Backblech.

Wir können den Teig aber auch in eine eingefettete, mit Semmelbröseln ausgestreute Stollenform drücken.

Nun wird der Stollen bei Einschubhöhe Mitte etwa 60 Minuten lang gebacken.

Der fertige Stollen muß schön goldgelb sein. Wir lösen ihn mit dem Messer vom Blech, bestreichen ihn noch heiß mit Butter und lassen ihn abkühlen. Bei Verwendung der Stollenform bestreichen wir ihn in der Form – noch heiß – mit Butter und stürzen ihn erst nach dem Auskühlen.

Den abgekühlten Stollen übersieben wir dick mit Puderzucker.

Lebkuchen

Zutaten

150 g flüssiger Honig
100 g Zucker
½ Päckchen Lebkuchengewürz
2 Eier
300 g Mehl
4 gestrichene Teelöffel Backpulver
50 g Grieß

Zum Verzieren:
1 Tütchen Mandelblättchen

Zubehör

1 Topf mit Stiel für den Honig (Kasserolle)
1 Meßbecher
1 große Schüssel
1 Kochlöffel mit Loch im Rührblatt
2 Teelöffel
1 Pfannenmesser

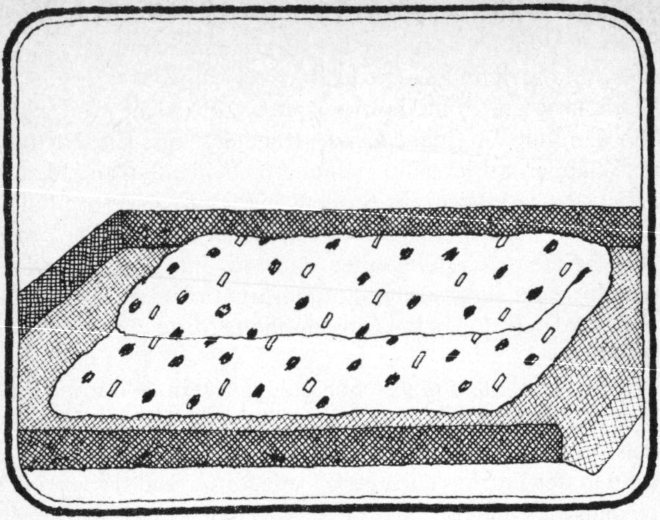

Den Honig messen wir im Meßbecher ab und lassen ihn in den Stieltopf laufen. Nun erwärmen wir den Honig bei Mittelhitze, achten aber darauf, daß er nicht heiß wird. Den warmen Honig geben wir, ohne daran zu schlecken, in die Rührschüssel und fügen Zucker, Lebkuchenwürze, Eier, Mehl, Backpulver und Grieß zu. Dann verarbeiten wir alle diese Zutaten mit dem Kochlöffel zu einem glatten Teig. Der Teig soll halbfest sein.

Jetzt heizen wir den Backofen vor: Elektroherd 190–200 Grad, Gasherd Stufe 3–4, und fetten das Blech ein.

Mit zwei feuchten Teelöffeln stechen wir von der Teigmasse kleine Portionen ab, die wir zu Kugeln drehen. Die Kugeln setzen wir nebeneinander auf das eingefettete Backblech; laßt aber reichlich Platz dazwischen, die Kugeln laufen beim Backen auseinander. Oben verzieren wir die Teigkugeln mit Mandelblättchen oder Smarties, dann schieben wir das Blech – Einschubhöhe Mitte – in den Ofen. Nach etwa 15 Minuten sind unsere Lebkuchen fertig. Wir lösen sie mit dem Messer vom Blech und lassen sie auf einem Gitterrost oder auf einem Küchentuch abkühlen.

Marzipanherzen

Zutaten
350 g ganz fein geriebene Mandeln (gebrüht und abgezogen)
250 g Puderzucker
1 Eiklar
2–3 Eßlöffel Rosenwasser (das gibt es in der Apotheke zu kaufen. Es ist nicht teuer.)

Zum Verzieren:
kandierte Früchte (Kirschen)
Pistazien (gehören zur Familie der Nüsse)

Zubehör
1 Topf mit Stiel (auch Kasserolle genannt)
1 Sieb
1 Mandelmühle
1 Schüssel
1 Nudelholz (auch Nudelwalker genannt)
1 Herzen-Ausstechform

Wir bringen einen knappen Liter Wasser in dem Topf zum Kochen, geben die Mandeln hinein und lassen sie kurz ohne Hitze ziehen. Dann schütten wir sie in ein Sieb, brausen sie einmal kalt ab und ziehen die Haut ab. Die abgezogenen Mandeln lassen wir auf Küchenkrepp oder einem Küchentuch trocknen und drehen sie dann 2–3mal durch die Mandelmühle, damit sie ganz fein werden. Die gemahlenen Mandeln geben wir in die Schüssel und fügen Puderzucker, ein nach Vorschrift getrenntes Eiklar und das Rosenwasser hinzu. Mit der sauberen, rechten Hand verkneten wir nun die Zutaten zu einer glatten, weichen, gut formbaren Masse.

Jetzt sieben wir dick Puderzucker auf die Tischplatte und rollen die Marzipanmasse mit einem mit Puderzucker überstäubten Nudelholz gut 1 cm dick aus. Aus der Platte stechen wir Herzen aus, die wir mit einer halbierten, kandierten Kirsche (gibt es in Dosen oder Schachteln in kleinen Mengen zu kaufen) und halbierten Pistazien verzieren.

Die Pistazien werden wie Mandeln gebrüht und abgezogen. Sie sind abgezogen von einer leuchtend grünen Farbe und eignen sich beim Verzieren gut für Stiele, Blättchen usw.

16

Süßes vom Blech

Vor vielen tausend Jahren, zu Anfang jener Zeit, als die Menschen begannen, von ihren Höhlen in Hütten umzuziehen, als sie lernten, Getreide zu sammeln und anzubauen, statt immer nur wilde Schweine zu jagen und Fische zu fangen, da hatten sie noch keine Gefäße. Milch und Wasser wurden in Schläuchen aus Leder aufbewahrt – und niemand konnte Kuchen backen, weil es keine Kuchenformen gab. So buken die Leute am Ende der mittleren Steinzeit ihre Teigfladen auf heißen, flachen Steinen. Recht viel mehr als Wasser, geriebene Getreidekörner und vielleicht ein wenig Salz wird nicht in dem Teig gewesen sein. Aber vielleicht kam eine besonders schlaue Köchin (damals war das Kochen eine Arbeit, die nur Frauen taten) doch einmal auf die Idee, statt Wasser Milch zu nehmen, eine Handvoll Beeren oder Nüsse und ein Ei unter den Teig zu mischen und auf das Ganze den Honig der wilden Bienen zu streichen.

So – oder doch so ähnlich – werden wohl die allerersten Plätzchen gebacken worden sein, und ich glaube, daß sie nicht einmal schlecht schmeckten. Was sie wohl sagen würden, die Steinzeitmenschen, wenn sie unsere modernen Küchen sähen? Sie hielten uns sicher für große Zauberer, die Wasser aus der Wand laufen lassen können, den Winter in den einen Kasten sperren und das Feuer in den anderen. Wahrscheinlich hätten sie große Angst!

Deshalb müßt Ihr, wenn Ihr mal von den Steinzeitmenschen Besuch bekommt, ihnen ein paar von Euren Plätzchen aus dem Feuerkasten anbieten – von den kleinen Teigfladen aus Mehl, Milch und Nüssen, aus Eiern, Beeren und Honig. Dann werden sie ganz zutraulich!

Hanseaten

Zutaten
250 g Mehl
1 Teelöffel Backpulver
100 g Zucker
1 Ei
etwas abgeriebene Zitronenschale von einer ungespritzten Zitrone
125 g Butter oder Margarine

Für den Guß:
150 g Puderzucker
2 Eßlöffel Himbeersirup
1 Teelöffel Zitronensaft
Fett für das Blech

Zubehör
1 Meßbecher
1 Zitronenreibe
1 Zitronenpresse
1 Messer
1 Gabel
1 Nudelholz (Nudelwalker)
1 Tasse
1 Pfannenmesser
1 Fettpinsel
1 Pinsel für den Guß

Den Teig für diese Plätzchen kneten wir mit den Händen; Ihr wißt ja, was da vorher zu tun ist. Sind sie sauber?

Dann schütten wir Mehl und Backpulver auf die Platte des Arbeitstisches, drücken mit dem Löffel in den Mehlberg eine Vertiefung und geben in diese Grube den Zucker, das aufgeschlagene Ei und die abgeriebene Zitronenschale. Alle Zutaten in der

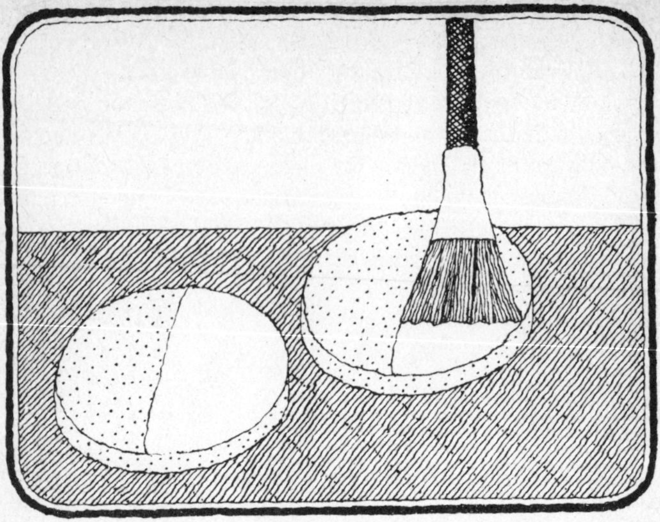

Grube verrühren wir vorsichtig mit einer Gabel. Rund um die Grube verteilen wir die Butter in kleinen Stückchen. Dann stäuben wir von unserem Mehlberg etwas Mehl über die Butter und die Grube und verkneten alles zusammen von außen nach innen zu einem glatten Teig.

Diesen Teig nennt man Mürbeteig. Er muß vor der Weiterverarbeitung mindestens eine halbe Stunde kaltgestellt werden.

In dieser Zeit bereiten wir den Zuckerguß: dazu schütten wir den Puderzucker in einen hohen Becher und verrühren ihn mit Himbeersirup und Zitronensaft zu einer glatten Krem.

Inzwischen heizen wir den Backofen vor: Elektroherd 190–200 Grad, Gasherd Stufe 3–4.

Nun bestäuben wir Tischplatte und Nudelholz leicht mit Mehl und rollen den gut gekühlten Teig auf etwa 1 cm Dicke aus. Mit einer Tasse stechen wir dicht nebeneinander Scheiben aus der Teigplatte und legen sie auf ein gefettetes Blech. Die Plätzchen müssen etwa 10 Minuten bei Einschubhöhe Mitte backen. Die goldgelb gebackenen Plätzchen nehmen wir mit einem Messer vom Blech und lassen sie auf einem Gitterrost auskühlen.

Wenn das Gebäck abgekühlt ist, bestreichen wir je eine Hälfte von jedem Plätzchen mit dem rosafarbenen Guß.

Ein Tip: Plätzchen immer gleich nach dem Herausnehmen aus dem Ofen mit einem Messer vom Blech lösen und auf einem Grillrost oder einem Küchentuch abkühlen lassen. Wenn sie auf dem Blech abkühlen, kleben sie fest.

Kokosplätzchen

Zutaten
135 g Butter oder Margarine
1½ Tassen Zucker
1 Vanillezucker
2 Eier
2 Tassen Kokosraspeln (gibt's in Tüten abgepackt zu kaufen)
2 Tassen Mehl
2 Teelöffel Backpulver
½ Teelöffel Salz

Zubehör
1 große Schüssel
1 Kochlöffel mit Loch im Rührblatt
1 Bogen Blechrein (gibt es als Rolle zu kaufen)
1 Tasse
2 Teelöffel

Den Teig, den wir jetzt zubereiten, nennt man einen Rührteig. Von allen Teigarten läßt er sich am leichtesten und sichersten zubereiten.

Butter (oder Margarine), Zucker, Vanillezucker und die aufgeschlagenen Eier geben wir in die Schüssel und rühren diese Zutaten schaumig. Dann füllen wir Kokosraspeln, Mehl, Backpulver und Salz dazu und rühren nochmal so lange, bis ein gleichmäßiger, glatter Teig entstanden ist.

Nun heizen wir den Gasherd auf Stufe 3, den Elektroherd bei 180–200 Grad vor.

Jetzt fetten wir das Backblech ganz dünn ein und legen es mit einem Bogen Blechrein aus. Mit 2 angefeuchteten Teelöffeln stechen wir nun aus dem Teig walnußgroße Kugeln und setzen sie nebeneinander auf das Blech. – Ihr müßt genügend Zwischenraum lassen, damit die Plätzchen sich beim Backen ausbreiten können. Mit einer leicht bemehlten Gabel drücken wir unsere Kokosflocken noch ein wenig flach. Dann schieben wir sie in den Ofen und backen sie bei Einschubhöhe Mitte in etwa 12–15 Minuten. Die fertigen Plätzchen sind schön goldgelb.

Friesenkeks

Zutaten
250 g Mehl
1 Teelöffel Backpulver
100g Zucker
1 Vanillezucker
1 Fläschchen Rum-Aroma
2 Eßlöffel Wasser
100 g Butter oder Margarine
Zucker zum Wenden

Zubehör
1 Meßbecher
1 Teelöffel
1 Eßlöffel
1 Gabel
1 Fettpinsel
1 Küchenbrett
1 Pfannenmesser

Immer bevor wir einen Mürbeteig kneten, spülen wir die Hände mit kaltem Wasser ab. Sie sollen sauber sein und kühl, weil ein mit warmen Händen gekneteter Mürbeteig leicht klebrig wird.

Auf die saubere Tischplatte oder in eine große Schüssel schütten wir wieder das Mehl und das Backpulver, drücken mit dem Löffel eine Vertiefung in den Mehlberg und geben Zucker, Vanillezucker, Rum-Aroma und Wasser in die Grube. Diese Zutaten verrühren wir vorsichtig mit einer Gabel, die Butter verteilen wir in kleinen Würfeln rund um die Grube und überstäuben alles mit etwas Mehl vom Rand. Jetzt kneten wir von außen nach innen einen glatten Teig und formen daraus eine etwa 3 cm dicke Rolle. Die Rolle wälzen wir in Zucker, legen sie auf ein Brett und stellen sie mindestens eine halbe Stunde lang kalt.

Nach einer Viertelstunde heizen wir den Backofen vor: Elektroherd 210 Grad, Gasherd Stufe 3–4.

Die gut gekühlte Teigrolle schneiden wir in etwa ½ cm dicke Scheiben und legen diese nebeneinander auf das gefettete Blech.

Dann backen wir die Plätzchen bei Einschubhöhe Mitte etwa 10 Minuten.

Denkt daran: Plätzchen nach dem Backen gleich vom Blech nehmen und abkühlen lassen.

Orangenplätzchen

Zutaten
50 g Mehl
100 g Speisestärke (Gustin oder Mondamin)
1/2 Teelöffel Backpulver
80 g Zucker
2 Eigelb
3 Eßlöffel Orangensaft
125 g Butter oder Margarine
Fett für das Blech

Für den Guß:
150 g Puderzucker
2 Eßlöffel Orangensaft
1 Teelöffel Zitronensaft

Zubehör
1 Meßbecher
1 Zitronenpresse
1 Teelöffel
1 Gabel
1 Fettpinsel
1 Gußpinsel
1 Becher und 1 Gabel zum Gußanrühren
1 Pfannenmesser

Wie man einen Mürbeteig macht, wissen wir schon (oder wir lesen beim Rezept »Friesenkekse« nach). Die Zutaten sind etwas verändert, aber die Arbeit bleibt die gleiche.

Aus dem fertigen, glatten Teig formen wir diesmal eine etwas dickere Rolle; sie soll etwa 4 cm Durchmesser haben. Die Rolle stellen wir wieder mindestens eine halbe Stunde kalt.

Nach einer Viertelstunde den Backofen vorheizen: Elektroherd 190–200 Grad, Gasherd Stufe 3–4.

Jetzt kommt der Zuckerguß dran: Den Puderzucker schütten wir in einen hohen Becher und verrühren ihn mit dem Orangen- und dem Zitronensaft. Zum Rühren nehmen wir eine Gabel.

Dann fetten wir das Backblech ein, schneiden von der abgekühlten Teigrolle etwa ½ cm dicke Scheiben ab, legen sie auf das Blech und backen sie in etwa 10 Minuten bei Einschubhöhe Mitte goldgelb.

Die Plätzchen bestreichen wir, wenn sie noch gut warm sind, mit dem vorbereiteten Orangenguß. Aber vorher nehmen wir sie vom Blech.

Lustiges Buttergebäck

Zutaten
250 g Mehl
1 Messerspitze Salz
1 Messerspitze Zimt
1 Ei
65 g Zucker
1 Vanillezucker
125 g Butter oder Margarine
Fett für das Blech

Zum Verzieren:
1 Töpfchen Schokoladenkuvertüre vom Bäcker oder aus dem Lebensmittelgeschäft
Liebesperlen
Gold- und Silberstreusel

Zubehör
1 Meßbecher
1 Messer
1 Gabel
1 Fettpinsel
1 Gußpinsel
1 Topf mit Stiel (auch Kasserolle genannt)
1 Pfannenmesser

Diesmal müssen wir sicher nicht mehr nachschauen, wie man einen Mürbeteig zubereitet.

Den fertigen Teig rollen wir wieder zu einer Rolle von etwa 4 cm Durchmesser und stellen ihn eine halbe bis 1 Stunde kalt.

Der Backofen wird kurz vor dem Weiterarbeiten vorgeheizt: Elektroherd 190–200 Grad, Gasherd Stufe 3–4.

Während der Ofen heiß wird, schneiden wir von der kalten Teigrolle genau wie bei den Friesenkeksen etwa ½ cm dicke Scheiben, setzen sie auf das gefettete Blech und backen sie etwa 10

Minuten. Paßt auf, daß sie nicht zu dunkel werden, alle Mürbeteigplätzchen müssen schön goldgelb sein.

Während die Plätzchen im Ofen sind, bringen wir in einem Stieltopf etwa 1/4 Liter Wasser bei starker Hitze zum Kochen. Sobald das Wasser kocht, schalten wir auf schwache Hitze um und stellen vorsichtig das Töpfchen Kuvertüre ins Wasserbad. Wenn das Töpfchen aus dem Kühlschrank kommt, müßt Ihr es zuvor unter dem warmen Wasser aus der Leitung anwärmen, damit es beim Hineinstellen in das Wasserbad nicht springt. Ganz langsam lassen wir nun die Kuvertüre zergehen.

Die fertigen Plätzchen nehmen wir aus dem Ofen und bestreichen sie, wenn sie abgekühlt sind, mit der aufgelösten Kuvertüre. Dazu nehmen wir einen breiten Pinsel. Dann streuen wir Liebesperlen oder Gold- und Silberstreusel darauf.

Mit den Streuseln kann man hübsche Muster legen, mit den Liebesperlen sogar die Anfangsbuchstaben Eurer Namen.

Nußtaler

Zutaten
375 g Mehl
125 g Speisestärke (Gustin oder Mondamin)
2 Teelöffel Backpulver
250 g Zucker
1 Vanillezucker
3 Tropfen Bittermandelöl (in kleinen Fläschchen vom Lebensmittelgeschäft)
2 Eier
250 g Butter oder Margarine
250 geriebene Haselnußkerne

Zubehör
1 Meßbecher
1 Messer
1 Gabel
1 Pfannenmesser

Wenn Ihr während der Zubereitung von diesem Teig nichts nascht, ergibt er eine große Schüssel voll leckerer Nußtaler.

Mit sauberen, kühlen Händen kneten wir den Mürbeteig: Mehl, Speisestärke und Backpulver kommen wieder auf die Tischplatte oder in eine große Schüssel, oben in den Mehlberg machen wir eine Grube und geben Zucker, Vanillezucker, Bittermandelöl und die Eier hinein. Dann verrühren wir diese Zutaten locker mit der Gabel. Die Butter verteilen wir wieder in Würfeln um die Grube und schütten über alles die geriebenen Haselnußkerne. Dann kneten wir von außen nach innen den Teig und formen aus dem fertigen, glatten Teig eine Rolle von etwa 4 cm Durchmesser, die wir eine halbe Stunde kalt stellen.

Nach einer Viertelstunde heizen wir den Backofen vor (Elektroherd 190 Grad, Gasherd Stufe 3), nach der halben Stunde schneiden wir von der gut gekühlten Teigrolle $^1/_2$ cm dicke Scheiben und legen sie auf das ungefettete Backblech. Butter und Nüsse machen unseren Teig so fett, daß das Blech nicht extra eingefettet werden muß.

Bei Einschubhöhe Mitte backen wir die Plätzchen etwa 10 Minuten. Ihr seht an der Farbe, wann die Plätzchen fertig sind: sie müssen goldgelb bis hellbraun sein.

Die fertigen Nußtaler nehmen wir mit einem Messer sofort vom Blech (am besten eignet sich dazu das Pfannenmesser) und lassen sie abkühlen.

Knusprige Nußplätzchen

Zutaten
100 g geriebene Haselnußkerne
100 g geriebene Mandeln
100 g gewürfeltes Orangeat
(Orangeat ist zuckergetränkte, eingelegte Orangenschale)
50 g Kokosfett
1/8 Liter süße Sahne
200 g Zucker
Backoblaten groß, rund

Zum Glasieren und Verzieren:
1 Töpfchen Schokoladenkuvertüre (vom Bäcker oder vom Lebensmittelgeschäft)
1 Tütchen Mandelblättchen

Zubehör
1 Meßbecher
1 Messer
1 Rührlöffel
1 Topf mit Stiel (auch Kasserolle genannt)
1 Pinsel

Alle Teigzutaten geben wir zusammen in den Stieltopf und bringen sie langsam, unter ständigem Rühren bei guter Mittelhitze zum Kochen. Dabei müßt Ihr aufpassen; die Masse pufft und wirft Blasen. Nach dem Aufkochen stellen wir den Teig zum Abkühlen zur Seite.

Nun wird der Backofen vorgeheizt: Elektroherd 200 Grad, Gasherd Stufe 3–4.

Sobald der Teig nur noch warm ist, formen wir mit dem Messer (das Messer müßt Ihr ab und zu in kaltes Wasser tauchen) auf den Backoblaten kegelförmige Häufchen. Die Nußplätzchen werden auf dem ungefetteten Backblech bei Einschubhöhe Mitte etwa 10 Minuten gebacken. Wir nehmen sie gleich vom Blech und lassen sie abkühlen.

Während die Plätzchen im Backofen sind, bringen wir etwa 1/4 Liter Wasser in dem ausgewaschenen Stieltopf zum Kochen. Sobald das Wasser kocht, schalten wir auf schwache Hitze um, erwärmen das Töpfchen mit der Kuvertüre unter fließendem, warmem Wasser, öffnen es und stellen es ins heiße Wasserbad. Dort muß die Kuvertüre nun langsam zergehen.

Mit der aufgelösten Kuvertüre bestreichen wir die abgekühlten Plätzchen. Zum Schluß verzieren wir sie noch mit Mandelblättchen.

Gefüllte Plätzchen

Zutaten
250 g Mehl
1 Teelöffel Backpulver
100 g Zucker
1 Ei
etwas abgeriebene Zitronenschale von einer ungespritzten Zitrone
125 g Butter oder Margarine

Zum Füllen:
einige Eßlöffel Aprikosenmarmelade

Zum Glasieren:
1 Töpfchen Zitronenglasur (vom Bäcker oder aus dem Lebensmittelgeschäft)

Zubehör
1 Meßbecher
1 Zitronenreibe
1 Messer
1 Gabel
1 Nudelholz (auch Nudelwalker genannt)
1 Tasse zum Teigausstechen
1 Pfannenmesser
1 Fettpinsel
1 Gußpinsel
1 Topf mit Stiel für den Guß (auch Kasserolle genannt)

Aus allen Zutaten für den Teig, wie sie oben angegeben sind, kneten wir einen schönen, glatten Mürbeteig. Wer noch keinen Mürbeteig gebacken hat, sieht bei den Rezepten für »Hanseaten« oder »Friesenkekse«, Seite 209 und 212 nach.

Den Teig stellen wir wieder eine halbe bis eine Stunde kalt.

Rechtzeitig vor dem Backen (eine Viertelstunde vorher) heizen wir den Backofen vor: Elektroherd 190–200 Grad, Gasherd Stufe 3–4.

Dann streuen wir etwas Mehl auf die Tischplatte und auf das

Nudelholz und rollen den kalten Teig zu einer Dicke von etwas weniger als einem halben Zentimeter aus. Mit der Tasse stechen wir Scheiben aus dem Teig – dicht nebeneinander, damit kein Teig verlorengeht – und legen sie auf das gefettete Backblech. Wenn zuviel Teig übriggeblieben ist, kneten wir ihn noch einmal zusammen, rollen ihn wieder aus und schneiden diesen Rest in kleine Quadrate, die wir ebenfalls auf das Blech legen. Jetzt backen wir die Plätzchen bei Einschubhöhe Mitte etwa 10 Minuten.

Während die Plätzchen backen, bringen wir in dem Stieltopf $^1/_4$ Liter Wasser zum Kochen, schalten auf schwache Hitze zurück und geben das geöffnete Döschen Zitronenglasur ins Wasserbad. Die fertig gebackenen Plätzchen lösen wir mit dem Pfannenmesser sofort vom Blech und lassen sie auf einem Gitterrost auskühlen.

Je eines der abgekühlten Plätzchen bestreichen wir mit Aprikosenmarmelade, setzen ein zweites darauf und bepinseln die Oberseite mit Zitronenglasur.

Kokosmakronen mit Schokoguß

Zutaten
3 Eiklar
250 g Zucker
1 Vanillezucker
1 Prise Salz
250 g Kokosflocken
Kleine Backoblaten

Zum Glasieren:
1 Töpfchen Schokoladenkuvertüre

Zubehör
1 hohe Schüssel
1 Schneebesen
1 Meßbecher
2 Teelöffel
1 Topf mit Stiel (auch Kasserolle genannt)
1 Pinsel

Makronen sind ein Eischnee-Gebäck. Der Teig muß weich, aber streichfähig und die Backhitze soll mild sein, damit das Gebäck weder hart noch zäh wird. Eine gut gelungene Makrone ist innen saftig, außen knusprig.

Die Eier schlagen wir auf und trennen sie vorsichtig: das Eigelb bewahren wir auf, die Eiklar geben wir in die Schüssel und schlagen sie mit dem Rührbesen des Handrührgerätes oder mit dem Schneebesen zu festem Schnee. Nach und nach lassen wir Vanillezucker, Zucker und Salz einrieseln. Zum Schluß fügen wir die Kokosflocken dazu und rühren sie vorsichtig unter. Schon ist der Teig fertig und wir können den Backofen vorheizen: Elektroherd 150 Grad, Gasherd Stufe 1–2.

Die Backoblaten legen wir auf den Tisch, geben mit zwei feuchten Teelöffeln kleine Teighäufchen auf die Oblaten und setzen sie auf das ungefettete Backblech. Dann backen wir die Kokosmakronen etwa 20 Minuten lang, bis sie lichtgelb sind.

Während die Plätzchen im Ofen sind, bereiten wir den Guß zu: 1/4 Liter Wasser muß im Stieltopf zum Kochen kommen. Wenn das Wasser kocht, schalten wir auf schwache Hitze um und stellen das geöffnete Döschen Kuvertüre ins Wasserbad. Dort muß die Kuvertüre ganz langsam zergehen.

Die fertigen Makronen nehmen wir aus dem Ofen, lösen sie gleich vom Blech und lassen sie abkühlen. Am schnellsten geht das auf einem Gitterrost. Dann nehmen wir einen buschigen Pinsel und bestreichen die abgekühlten Plätzchen mit der flüssigen Schokoladenkuvertüre.

Bevor wir die Plätzchen in eine Schachtel oder Schüssel füllen, lassen wir die Schokoladenkuvertüre kalt und fest werden.

Register

. . . nach dem vielen Kochen und Essen ist man müde. Küchenkönige und auch andere Menschen wissen, daß es gegen Müdigkeit eigentlich nur zwei Mittel gibt – Schlafen, dazu braucht man ein Bett, und Lachen, dazu braucht man

Gans du hast den Fuchs gestohlen

Lustiges für Kinder
gesammelt von Ludwig Merkle

Auf über 160 Seiten finden Küchenkönige und auch andere Menschen Witze, kürzere Geschichten, komische Verse, Scherzfragen, Wortspiele und Kalauer und viele, viele Zeichnungen.

HEIMERAN VERLAG MÜNCHEN